ADA
THE ENCHANTRESS OF NUMBERS

POETICAL SCIENCE

$$2n - 1$$

$$\begin{cases} 1V_6 = 2V_6 \\ 1V_1 = 1V \end{cases}$$

$$n - 2 \qquad 4$$

$$\frac{2n}{2}$$

$$2n \qquad 2n - 1$$

$$\frac{2n - 2}{4}$$

$$2n$$

阿达：数字女王

[美] 贝蒂·亚历山德拉·图尔 / 著

夕文　叶琳 / 译

$$\frac{2n - 1}{3}$$

$$= 3V_6 \Big\} $$
$$= 1V_1 \Big\} =$$

$$2n - 1$$

$$2V_1 = 3V_7 \Big\}$$
$$V_1 = 1V_1 \Big\}$$

四川人民出版社

图书在版编目（CIP）数据

阿达：数字女王 /（美）贝蒂·亚历山德拉·图尔
著；夕文，叶琳译 .—成都：四川人民出版社，
2018.8
　ISBN 978-7-220-10642-2

　Ⅰ.①阿…　Ⅱ.①贝…　②夕…　③叶…　Ⅲ.①阿达·
拜伦—生平事迹 Ⅳ.① K835.616.16

中国版本图书馆 CIP 数据核字（2017）第 306407 号

Paperback edition, revised and abridged
Ada, The Enchantress of Numbers: Prophet of the Computer
Copyright©1998 Betty Alexandra Toole, Ed.D.
Copyright©1998 Lovelace-Byron Collection

著作权合同登记号　图进字　21-2017-661

ADA SHUZI NÜWANG
阿达：数字女王
[美]贝蒂·亚历山德拉·图尔　著　夕　文　叶　琳　译

责任编辑	邹　近　章　涛
特约编辑	赵　静
封面设计	李其飞 / 蓝狮文化
内文设计	戴雨虹
责任校对	申婷婷
责任印制	李　剑

出版发行	四川人民出版社（成都市槐树街 2 号）
网　　址	http://www.scpph.com
E-mail	scrmcbs@sina.com
新浪微博	@ 四川人民出版社
微信公众号	四川人民出版社
发行部业务电话	（028）86259624　86259453
防盗版举报电话	（028）86259624
照　　排	四川胜翔数码印务设计有限公司
印　　刷	四川机投印务有限公司
成品尺寸	146mm × 208mm
印　　张	12.5
字　　数	206 千
版　　次	2018 年 8 月第 1 版
印　　次	2018 年 8 月第 1 次印刷
书　　号	ISBN 978-7-220-10642-2
定　　价	48.00 元

目
录

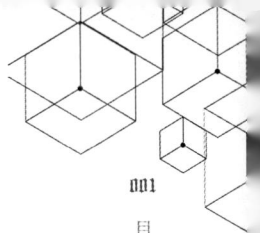

阿

达

：

数

字

女

王

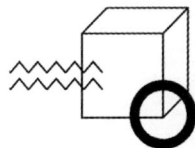

献给乔丹、雷切尔和杰尼

致 谢

首先我要感谢朱迪·罗迪克，她是一位出色的编辑，是她再次给予我莫大的支持。杰夫·伯纳姆耐心地完成了封面设计和书籍装帧的工作，这一点值得称颂。我还要感谢我的两位读者：一位是优秀的微积分老师芭芭拉·莫里斯，另一位是给我提出各种好建议的黛安·图尔。当然，书中出现的错误责任全都归我。

至于书中的引用材料，附录一和插图汇总表列举出了我具体想感谢的人。至于材料的使用，我想特别感谢立顿伯爵、萨默维尔学院、牛津大学以及大英图书馆。本书历经了三次修订，一直以来，牛津大学及其博德利图书馆的科林·哈里斯给予了我很大的帮助。

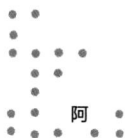

阿
达
：
数
字
女
王

×

▼

我也要感谢我的对外事务代理人斯蒂芬妮·迪亚兹，以及四川人民出版社的工作人员与翻译，是你们让本书的中文版得以问世。

同时，我还想感谢我的家人、朋友和邻居们。我对阿达·洛夫莱斯怀有令人厌恶的执拗激情，他们却能一直这样容忍我。如今计算机和计算机软件在急速地发生改变，但我希望阿达的人性能成为一道白日之光，永恒闪耀。

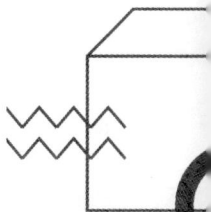

前 言

　　《阿达：数字女王》这本书是专门为中国读者制订的，这样做的原因与中文的特点和中国文化的结构有关联。这一点我之后会稍微详尽地论述。

　　奥古斯塔·阿达·拜伦，也就是洛夫莱斯夫人，出生于1815年12月10日。在她诞辰200周年之际，世界各地掀起了各种纪念她的活动——包括牛津大学举行的为期三天的专题研讨会，以及2016年1月19日在硅谷计算机博物馆举行的"致阿达的一封信"活动。她被视为计算机革命的先驱。

　　作为诗人拜伦勋爵之女及后来的洛夫莱斯伯爵夫人，阿达与她同时代的女性大相径庭。受母亲的鼓励，她从孩童时期便开始专研数学，之后的一生都对代数和力学保持着满满的激情。17岁时，阿达遇见了著名的数学家查尔斯·巴贝奇。巴贝奇邀请阿达参观由他发明的第一台计算引擎——一台部分完工的"差分机"。一年后，在1834年12月的一个雨夜，巴贝奇又邀请阿达去他家。当时他十分生气，因为资助差分机的资金被撤销了，同时他也先于他人，向阿达描绘了一种新的计算引擎——"分析机"，它"不仅有预见的能力，还能借助预见完成运算"。巴贝奇提出的概念颇具"普世性"，阿达对此印象深刻。这个概念也是现代计算机的起源。巴贝奇一直在构想这个新引擎，1843年，阿达也参与到实现这个伟大构想的工作之中。

意大利工程师路易吉·梅纳布雷亚曾详细论述了巴贝奇的计算引擎，阿达担负这篇法语文章的翻译并将之命名为《查尔斯·巴贝奇先生的分析机概述》。这篇文章于1843年发表，随之发表的还有阿达对文中论述部分所做的解释性注释，这些注释所占的篇幅是原文的两倍多。阿达在撰写注释的同时也与他人有书信往来，那些令人惊叹的信件被收录在了这本书中。

毫无疑问，巴贝奇是分析机机械设计的负责人，阿达的《注释》却向世人揭示，是她看到了分析机的巨大潜力并对其做了一番阐释。她将分析机视作一台带有多种功能的机器，不仅可以运算，还可以在声音、艺术和商业领域发挥功效。她绘制了一份伯努利数指令表，将巴贝奇创制的指令表加以改良。这份表包含了"循环"及"逐行指示符号"的概念，这些正是当今编程需要用到的重要概念。

在阿达所有的通信中，有一封信只有一个片段，其中她将自己的思考方式描绘为"诗意科学"。此概念意指科学也存在美感和优雅，跟诗歌一样。同时，这个概念贯串于阿达的一生，给予她广阔的视野，让她的所见能远远地超越技术性细节，也让她能先于他人看到我们今天随处可见的东西，那就是计算与艺术的关联性。阿达明白"分析机编织的是代数的花纹，雅卡尔的织布机编织的是花与叶的图案"，她还深信"分析机可能创作出各种复杂等级或各种程度的严谨精美的乐曲"。

中文将比喻囊括进自身的语言结构之中，如中文一样，阿达借由诗意科学的方法，利用比喻描述科技。她喜欢将自己的想象与对科学技术的热爱相结合，这份兴趣源于她小时候想制造飞行器的梦想，这个梦想一直持续到她逝世之前的一年——那一年她参观了展示工业革命惊奇成果的万国工业博览会。

在《创新者》一书中，沃尔特·艾萨克森将"诗意科学"这一概念带到了今天。在最后一章里，他回过来谈及阿达，对她提出的"通用型机器"的概念表示肯定，这种机器"不仅可以执行预先设定好的任务，还可以通过编程和再编程完成各式各样无限制的不定的任务"。艾萨克森在有关洛夫莱斯的章节中总结说，"阿达的贡献不仅有启示的作用，还具有深远的意义。她比巴贝奇或任何一位她同时代的人都要优秀，因为她能瞥见机器成为人类想象力的伙伴的未来"。

从预见性上看，阿达的文字透出她对计算机将改变人类社会这一现象的深刻理解。1843年，阿达请求巴贝奇完成分析机的研制工作，不是为了任何"野心和名气"，而是"为了让人类能有效地使用"这样的机器。上述言语涵盖了阿达颇具预见性眼光的精华之处。当思考计算机的未来时，我们需要问自己是否在以一种造福世界的方式来使用这些神奇的机器。

阿兰·图灵设想的人工智能一直在不断地完善进步，然而阿达·洛夫莱斯设想的人类智慧也需要同人工智能一起进步。与起源相关的故事之所以具有重要意义是因为，我们在理解过去的语境中构建未来。阿达·拜伦（洛夫莱斯伯爵夫人）的想法时至今日依旧能触及我们的心灵。正如阿达本人所为，如果我们坚定地控制计算机的力量，让它以最有效的形式服务人类，那么这不仅能确保阿达在计算机方面的构想被保留下来，还能确保我们人类得以代代地延续下去。

阿

达

：

数

字

女

王

洛夫莱斯夫人家谱图

安妮·伊莎贝拉·米尔班克（1792—1860）
拜伦勋爵（1788—1824）
两人于1815年结婚

奥古斯塔·阿达·拜伦（1815—1852）
威廉·金勋爵八世（1805—1893）
两人于1835年结婚；1838年，威廉被封为洛夫莱斯伯爵

拜伦·诺埃尔
（1836—1862）
奥卡姆子爵

拉尔夫·戈登·诺埃尔
（1839—1906）
温特沃斯男爵十三世
及洛夫莱斯伯爵二世
1869年同范妮·赫瑞特（1878年去世）结婚
1880年同玛丽·卡洛琳·斯图尔特—沃特利（1941
年去世）结婚

安妮·伊莎贝拉·诺埃尔
（1837—1917）
温特沃斯男爵夫人十五世
威尔弗里德·斯科恩·布伦特
（1840—1922）
两人于1869年结婚

阿达·玛丽
（1871—1917）
温特沃斯男爵夫人十四世

朱迪斯·安妮·多萝西娅
（1873—1957）
温特沃斯男爵夫人十六世
内维尔·利顿
（1879—1951）
两人于1899年结婚
1947年，利顿继承了利顿伯爵三世

诺埃尔·安东尼·斯科恩
（1900—1985）
利顿伯爵四世及温特沃斯男爵十七世
1946年同克拉丽莎·帕默结婚

卡洛琳　约翰　罗兰　露西　莎拉
1950年出生
利顿伯爵五世

本书涉及的人物与地点简介

阿达的父母以及他们各自的家人和朋友

阿达的母亲是诺埃尔家族和米尔班克家族的结晶。阿达母亲的姑妈是墨尔本夫人，她的大表哥墨尔本勋爵是当时的英国首相。阿达的母亲有三个好朋友，她们一直未婚，被戏称为"复仇三女神"，她们分别是：玛丽·蒙哥马利、赛琳娜·多伊尔、弗朗西斯·卡尔。

阿达的父亲有一个同父异母的姐姐奥古斯塔·利，她一共生了七个小孩，其中一个叫作伊丽莎白·梅朵拉·利。

阿达的家人

阿达的丈夫：威廉·金勋爵，之后被封为洛夫莱斯伯爵①

威廉的弟弟和妹妹：赫斯特·金、夏洛特·金、洛克·金

阿达和威廉的孩子：拜伦（奥卡姆子爵）、安娜贝拉、拉尔夫

阿达孩子的侍从和家教：格林、库珀小姐、威廉·卡朋特博士

阿达的表兄弟：罗伯特·诺埃尔、查尔斯·诺埃尔、爱德华·诺埃尔

阿达的朋友

奥利维亚·艾奇逊（又名利维）和安娜贝拉·艾奇逊：戈斯福德夫人的两个女儿

————————————

① 英国的爵位与授予比较复杂，这里只做一个简单的介绍。在世袭贵族中，爵位分为五个等级，分别是"公爵"、"侯爵"、"伯爵"、"子爵"、"男爵"。其中侯、伯、子、男在一般或非正式场合下被通称为"勋爵"，但有些时候，称呼某人为某某勋爵并不代表这个人就一定是贵族，比如在苏格兰或法律场所。拥有公爵头衔的人在任何场合下只能被叫作某某公爵。另外，"爵士"是骑士的爵位通称，不属于贵族阶层。在中世纪的英国，骑士是跟随英王打仗的军人，之后任何为英国的发展和繁荣做出过贡献的人都可以被授予骑士称号。——译者注

乔安娜·贝利：流行小说家

查尔斯·巴贝奇：数学家、科学家及计算引擎的发明者

赫歇尔·巴贝奇：查尔斯·巴贝奇之子

大卫·布儒斯特爵士：光学研究先驱，万花筒的发明者

安德鲁·克罗塞：电学实验员

约翰·克罗塞和罗伯特·克罗塞：安德鲁·克罗塞的两个儿子

索菲娅·弗伦德·德·摩根：弗伦德博士之女，后与奥古斯都·德·摩根喜结连理

查尔斯·狄更斯：小说家

迈克尔·法拉第：电学先驱

萨缪尔·加姆伦：阿达的牧师，为阿达和威廉主持婚礼

沃伦佐·格雷格：萨默维尔夫人与第一任丈夫的儿子，他与威廉是剑桥大学的同窗，后来成为阿达的朋友、知己和律师

约翰·卡姆·霍布豪斯爵士：拜伦勋爵的密友

安娜·詹姆森：作家，帮助过奥古斯塔·利的女儿梅朵拉

詹姆斯·菲利普斯·凯博士，之后更名为凯-沙特尔沃思爵士：为表彰他对英国公共教育的创立所做的贡献，被皇室授予爵士头衔

弗雷德里克·奈特：出版商，阿达在萨默赛特的邻居

洛可克医生：阿达的医生兼朋友

马尔科姆和南丁格尔：阿达所谓的"运动好友"

哈丽雅特·马蒂诺：科普作家

休·蒙哥马利：玛丽·蒙哥马利的侄子

范妮·史密斯：赛琳娜·多伊尔的外侄女（私生），之后嫁给了爱德华·诺埃尔，并改名为范妮·诺埃尔

玛丽·萨默维尔和玛莎·萨默维尔：著名科学家玛丽·萨默维尔的两个女儿

加德纳·威尔金森爵士：埃及古物学者

泽特兰勋爵和泽特兰夫人：赛马"轻装步兵"的主人

阿达的老师

威廉·弗伦德博士：拜伦夫人的家庭教师，也教过阿达

威廉·金博士和玛丽·金博士：拜伦夫人的朋友，两夫妇住在布莱顿，与布莱顿合作小组有关联

劳伦斯小姐：利物浦的教育家

威廉·特纳：速记法老师

玛丽·萨默维尔：著名科学家

德·伊思普里娅小姐：竖琴老师

奥古斯都·德·摩根：杰出的数学家、逻辑学家和精算师

法亚教授：声乐老师

阿达的住宅

小时候：比弗伦斯、莫特莱克和福德霍克

结婚后在伦敦的住所：圣詹姆斯广场、曼彻斯特广场、格罗夫纳广场、坎伯兰街、大坎伯兰广场6号

萨里：奥卡姆、东霍斯利塔

萨默赛特：阿什利科姆、波洛克、迈恩黑德

阿达的马

希尔芙、达比、弗利尔特、塔姆·奥尚特

赛马："飞翔的荷兰人"、"轻装步兵"、特丁顿

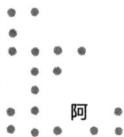

要事年表

1641 布莱兹·帕斯卡发明了第一台计算器。

1784 奥古斯塔·玛丽·拜伦（拜伦勋爵同父异母的姐姐）出生。

1788 拜伦勋爵（阿达的父亲）出生。

1791 查尔斯·巴贝奇（阿达的密友）出生。

1792 安妮·伊莎贝拉·米尔班克（又名安娜贝拉，阿达的母亲）出生。

1793 拿破仑战争爆发。

1804 J. M. 雅卡尔发明了自动织布机。

1805 威廉·金（阿达的丈夫）出生。

1811 卢德派分子反对工业化。

1812 拜伦勋爵在议会上进行了自己的初次演说，同时他的第一部重要诗歌作品《恰尔德·哈洛尔德游记》出版。

1815 1月2日，拜伦勋爵和安娜贝拉·米尔班克结婚；12月10日，奥古斯塔·阿达·拜伦在伦敦出生；滑铁卢战役爆发和拿破仑战争结束；泰晤士河上出现了蒸汽船。

1816 1月16日，拜伦夫妇分居；4月25日，拜伦勋爵离开英格兰。

1822 诺埃尔夫人（拜伦夫人的母亲）去世。

1824 4月19日，拜伦勋爵于希腊去世。

1828 阿达着手设计飞行器。

1829 阿达染上了麻疹，四肢瘫痪。

1832 议会通过了"改革法案"，增加了部分人群的政治权利。

1833 阿达的身体慢慢恢复并开始出席宫廷宴会；阿达初见查尔斯·巴贝奇并参观了他的差分机。

1834 巴贝奇对分析机的构想出炉。

1835 7月8日，阿达与威廉·金结婚。

1836 5月12日，阿达的长子拜伦出生。

1837 9月22日，阿达的长女安妮·伊莎贝拉（又名安娜贝拉）出生；维多利亚登上王位，由此进入维多利亚时代。

1838　6月30日，威廉和阿达分别被授予为洛夫莱斯伯爵和洛夫莱斯伯爵夫人。

1839　7月2日，阿达最小的孩子拉尔夫·戈登出生。

1840　洛夫莱斯勋爵担任萨里郡总督；为了商讨分析机，巴贝奇前往意大利；阿达向德·摩根拜师学习数学。

1841　拜伦夫人揭露阿达所说的"这是一段最奇怪、最可怕的历史"。

1842　在中断了九个月的数学课程后，阿达继续学习数学；10月，L. F. 梅纳布雷亚在一本瑞士的期刊上发表了关于分析机的说明性文章。

1843　8月，阿达的译文和《注释》发表。

1844　11月下旬，阿达拜访克罗塞一家。

1850　阿达拜访父亲的老家纽斯泰德庄园。

1851　万国工业博览会开幕；维多利亚女王举办舞会；德比赛马日开幕。

1852　11月27日，阿达去世。

1860　5月16日，拜伦夫人去世。

1862　阿达的长子拜伦（当时被封为奥卡姆子爵）去世。

1871　10月18日，查尔斯·巴贝奇去世。

1890　美国人霍尔瑞斯使用打孔卡为美国人口普查局整

理信息，并将这些信息制成表格。

1893　12月29日，洛夫莱斯勋爵去世。

1931　麻省理工学院的范内瓦·布什建造了世界上的第一台现代大型模拟计算机。

1946　世界上第一台数字计算机"ENIAC"诞生。

1974　美国军方提议编写通用的高级计算机语言。

1975　计算机语言的第一次迭代被称作"稻草人"，第二次迭代被称作"木头人"。

1978　通过深入的评估，美国军方选定了一门计算机语言。

1980　为了表示对阿达的敬意，美国军方将选定的计算机语言命名为"*Ada*"。

1984　"*Ada*"成为美国国防部的标志之一。

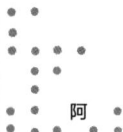

科学研究的"三位一体"

有些人把阿达·洛夫莱斯奉为"计算机之母"，有些人则不以为然。如果你的思维模式跟计算机一样，对事物的看法只分为"正确"或"错误"，那么你将错过阿达故事所蕴含的美感与意义。阿达只是一个普通人，她不是任何事件的原型，也不应沦为一道刻板印象。当我们超越"0"或"1"这样的计算机思维考虑问题时，我们便迈入了量子科学的时代——不仅仅局限于我们的思维，更适用于我们的现实。我认为这样的思维方式能给予我们更多的力量。

《阿达：数字女王——拜伦勋爵之女的书信选集及她对第一台计算机的描述》这本书在1992年出版问世。如今，我再次修订了这本书，以便为读者勾勒出"三步骤过程"：

观察、阐释以及整合。在这个到处是"0"和"1"、数字和模拟的时代，第一步常常涉及对信息的观察，这一点十分重要，它可以让我们尽可能地不受某种思维的限制。我的第一本著作便涉及到了"观察"，这本著作包含了一些原始的资料，可以让我们收集各种事实和证据。

第二个步骤跟阐释有关。阿达·洛夫莱斯的负面新闻很多，尽管这样，她还是预见到了当今计算机革命会给我们造成的影响，并编写了类似于程序的指令表，向我们揭示了机器是如何解决复杂的运算的。本书的第一次修订本于1998年问世，当时我把这本书命名为《阿达：数字女王——计算机先知》，它向世人宣告阿达的能力与本领。

第三个步骤则是整合，在数字时代，这一步非常关键。阿达·洛夫莱斯于1843年提出的"诗意科学"不仅对她当时的研究起到了一定的作用，而且即便今天，这个方法依然至关重要。"诗意科学"是一种整合想象力与科学的能力，阿达·洛夫莱斯运用此方法学习诸如数学和科学这样的科目。起初她把"诗意科学"视为一种职责，然而当她真正使用了这样的方法后，对她而言，"诗意科学"成为一种欢乐与激情的象征。

每一章的结尾都会有简短的补充说明，一些需要读者回答的问题或者促使想象力与科学整合的练习活动（阿达把这样的整合行为称作"诗意科学"）。此思考方式让阿达能够带着宽广的视野看待未来，也能够让她带着这样的视野将自身根植于被研究的科目中。有时，这类补充性说明会是某个练习活动；有时，会是关于这类整合性思考方式的使用者和使用方法的最新信息。

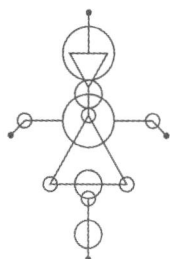

诗意

科学

我很喜欢道格拉斯·霍夫斯塔特使用"我是一个奇怪的圆环"作为他那本出色著作的标题。我希望通过建构一个奇怪的圆环，即莫比乌斯环[①]，来打开人类技能与数学和科学的整合策略。

---

① "莫比乌斯环"又译作"莫比乌斯带"或"莫比乌斯圈"。——译者注

莫比乌斯环

1. 先找一张纸做矩形长条（ABCD）。

A
B   C
                           D

2. 将矩形长条扭转半周。

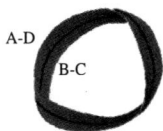

A-D
  B-C

3. 将长条的两个末端相连，让A点对齐D点，B点对齐C
点。

这个奇怪的圆环面我们称之为"莫比乌斯环"，它的名字来源于19世纪的德国数学家和天文学家奥古斯特·费迪南德·莫比乌斯。同时，他还是类型学的先驱。莫比乌斯与同时代的著名数学家黎曼、罗巴切夫斯基和波尔约一起在几何学领域开启了非欧几里得几何学革命。

从莫比乌斯环衍生出的许多惊人的应用都用到了它的"单侧曲面"这个不同寻常的特质。如果将A点和C点相连，B点和D点相连（没有扭转半周），你只会得到一个有两个面和两条边的条带状圆环。想从圆环的一面走到它的另一面，你必须穿过圆环的一条边。然而，由于矩形长条被扭转了180°，莫比乌斯环则只有一个面和一条边！

为了展现莫比乌斯环的这一特质，你可以做下面的三个实验：首先，从圆环表面的中段开始，在中间画一条线，一直画到起始点。你穿过了圆环的一条边吗？接下来，手握莫比乌斯环的边，让它与标记笔的笔尖相对。握着标记笔不要动，通过旋转莫比乌斯环来为边着色。你能够把圆环的整条边都涂上颜色吗？最后，用剪刀沿着你刚才画的中心线把莫比乌斯环剪开，然后在被剪开的纸带上再画一条中心线并沿着这条线再次剪开纸带。你预料到要发生的事情了吗？

巨型莫比乌斯环常常被人们用作传送带（这样可以使

传送带更耐用，因为"每个面"的磨损程度都一样）和循环播放的录音磁带（可以使播放时间翻倍）。20世纪60年代，桑迪亚实验室将莫比乌斯环运用到多功能电子电阻器的设计中。自由式滑雪运动员将滑雪运动中的一门特技命名为"莫比乌斯翻转"。

1815 1816

=========== 第一章 ===========

应爱而生，长于动荡

1815年12月10日，星期天下午，奥古斯塔·阿达·拜伦在伦敦皮卡迪利大街13号的联排屋内呱呱坠地。她的父亲这样写道：她"虽然生于苦涩的家庭，成长在动荡的年代，但她是应爱而生的孩子"。

阿达的父母对世界的理解截然对立。阿达的父亲，著名诗人拜伦勋爵在追求她的母亲安娜贝拉·米尔班克时，称阿达的母亲为"平行四边形公主"。之后，对于妻子的数学思维，拜伦妄加指责，认为"她的想法跟乱七八糟的东西差不多"。双方都对彼此加以指责，心怀不满的妻子给拜伦冠上了"疯狂、恶劣之人"的名号。之后安娜贝拉还给拜伦写过

拜伦勋爵和勋爵夫人

一封闻名于世的信，告诫他不要再"作诗"了——对诗人发出这样一个警告真是太奇怪了！

虽然对彼此有所保留，但1815年1月2日，两人还是步入了婚姻的殿堂。3月初，安娜贝拉确认自己怀孕了，这也差不多是拜伦夫妇前去拜访奥古斯塔（拜伦同父异母的姐姐）的时间。那次拜访经历让拜伦夫人永生难忘、不断回想。拜访期间，拜伦夫人仔细分析了奥古斯塔和拜伦的每一个动作，并观察了他们之间的每一次互动，发现些许端倪后，她下定决心成为两人的"守护者"，要将拜伦和他的姐姐从恶魔的手中解救出来，不管两人间的乱伦关系是真实存在抑或出于想象。拜伦却没有觉得那次的拜访有任何异常情况的出现。

当时他因家里的经济状况而忧心不已，偶尔还会喝酒买醉。拜伦夫人的娘家在婚前签订的夫妻财产协定中曾许下承诺，答应给拜伦一笔钱，婚后却一个子儿都没见着，而拜伦自己根本就无力承担伦敦的高成本生活。

阿达刚出生没几个礼拜，拜伦夫人就带着她回了娘家。她八成是对娘家人讲了自己的猜测，跟他们说拜伦与奥古斯塔之间存在乱伦的关系。于是拜伦夫人的父亲告知拜伦，说拜伦夫人想跟他分居。拜伦承认两人之间的确存在些许问题，但是他反对岳父提出的分居建议。接下来发生的事情一直是无数作品爱用的题材。

拜伦很清楚外界对自己有诸多指控，但拜伦夫人的律师发来的文件却让他勃然大怒。文件声明："拜伦夫人非常肯定地表示，她绝对没有对外界传播任何损害拜伦勋爵声誉的谣言。"拜伦与好友霍布豪斯读了这份文件后，明确了这份文件的目的就是"收买拜伦，让他同意分居"。霍布豪斯表示："拜伦愤愤不平……我想说的是，这种推卸责任的说法本身就站不住脚。拜伦夫人不仅想否认自己传播过谣言的事实，而且还声称有关乱伦的指控……均与她无关。"

最终，拜伦还是同意与妻子分居，并于1816年4月25日离开英国。后来他戏称拜伦夫人为"数学美狄亚"①。从那时起，奥古斯塔·阿达的名字便改为阿达。可是阿达的监护权问题却没有那么简单。阿达是受英国大法官监护的未成年人，拜伦夫人享有唯一的监护权。拜伦担心拜伦夫人会带阿达去国外，从而导致自己失去家长监控权。于是他在1817年1月写了一封信给奥古斯塔②，奥古斯塔则将这封信转交给了拜伦夫人。他在信中表示："我需要她做一个明确的回答，不管出于什么样的借口，她都不会将阿达带出英国……再强调一遍，只要她（拜伦夫人）留在英国，我是不会从她手中抢走孩子的，但我不希望孩子离开英国……"最终，拜伦赢得了这场监护权战争的胜利。

　　阿达继承了截然相反的两种观点：一种来自她的母亲，是新工业时代中使用分析事实和客观现实来获得明确目标的典型人物；另一种则来她的父亲，不会用预设目标来框定生活，而是通过主观镜头用想象力来看待世界的浪漫诗人。二者的冲突令阿达无所适从，更何况父母分离时，她才五周

---

① 美狄亚是出生于科奇斯岛的公主，她帮助伊阿宋夺得了金羊毛，并与伊阿宋喜结连理。但当伊阿宋移情别恋后，她愤然杀死了她与伊阿宋的三个儿子并毒死了伊阿宋的新欢。——译者注

② 这里指拜伦的同父异母的姐姐奥古斯塔·利。——译者注

阿

达

：

数

字

女

王

大。不过纵观她的一生，父亲对她的影响不容忽视。在一封日期不明的信件中，阿达满怀挫败感，向母亲倾述了自己的心理斗争："你不能给予我哲理性的诗歌。那么反过来，你能给予我诗一样的哲学和科学吗？"拜伦夫人却从未看出二者有何联系。

是什么让智者睿智？阿达的女儿在写给阿达的信中提到了这个难题，同时这道难题也为我们开了一个好头。这个问题的答案是：智者总是会问"为什么"，即保持好奇心。

有一个非常好的方法能培养你的好奇心，那就是采访各式各样的人。这项活动需要你跟一群人通力合作，如果是跟初次见面的人合作效果会格外的好。

——两个人为一组。

——每个队员需要问对方10个问题，采访的内容应涉及数学、科学和计算机。先把你的问题写下来，然后拿这些问题去问对方。

诗

意

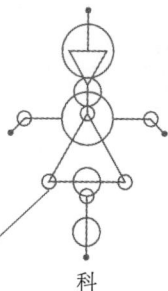

科

学

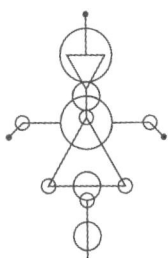

诗

意

科

学

阿

达

：

数

字

女

王

——用你搜集到的答案来向团体里的其他人介绍你

的搭档。

——留意你所问的问题会对别人的答案造成什么样

的影响。

我在加州大学伯克利分校给那些天赋异禀的学生上

科学历史课时，会经常让他们用这项活动来了解彼此。

这项活动还起到了其他的作用，因为学生们学到一点，

那就是问问题的方式能决定别人回答问题的内容。

1816 1828

父亲去世；阿达的猫及飞行器

拜伦夫人是阿达唯一合法的监护人。为了不让阿达被拜伦勋爵女儿的恶名身份所牵连，拜伦夫人想尽一切办法让阿达远离世人的目光。如果那时候有《人物》杂志，拜伦一定会上杂志的封面，他的家人也会备受狗仔队的折磨。阿达在远离伦敦的出租屋里度过了自己最初的七年时光。拜伦夫人因病离开家接受治疗时，阿达要么留给外祖父母照看，要么寄住在路易莎·查洛纳、玛丽·蒙哥马利以及赛琳娜·多伊尔等几位拜伦夫人的未婚闺蜜的家中。

拜伦勋爵则离开英国前往欧洲大陆。尽管拜伦夫人对奥古斯塔的态度并不友善，但她还是会通过奥古斯塔与拜伦勋爵保持联系。拜伦给奥古斯塔的孩子寄过不少礼物，还专门寄了一个水晶饰品给阿达。1816年夏，他在瑞士遇到了珀西·雪莱和玛丽·雪莱夫妇。电影《哥特风格》便是以那年夏天日内瓦湖畔的经历为蓝本，叙述了玛丽·雪莱是如何构思《弗兰肯斯坦》这部被誉为第一部有关人工智能的科幻小说的。拜伦也是在那个时候创作了末日印象诗篇《黑暗》。

阿达两岁时，拜伦夫人为了不让她受"带有诗意色彩的事件"的影响，决定着手创作自传。拜伦勋爵则在其叙事诗篇《唐·璜》中回击了拜伦夫人，在创作唐娜·伊内兹这个角色时，他用拜伦夫人作为角色的原型，并毫不遮掩地这样描述她："最喜欢的科学学科是……数学……她的思想犹如数学定理，语言好比数学难题……她是一个行走的计算器……总的来说……她是一个奇才。"成为数学奇才恰恰是拜伦夫人对阿达的期望。拜伦夫人认为阿达应该成为一名数学家和科学家，而不是跟她父亲一样的诗人。

按照拜伦夫人的说法，阿达非常早慧，尤其在数学领域。拜伦夫人自阿达四岁起便为她制订了非常严格的培养计划。她请了好几个女家庭教师，可是每一个教的时间都不长。如果一时找不到合适的家教，拜伦夫人就亲自上阵教导阿达。此外，拜伦夫人还定下了非常严格的纪律和一系列的

奖惩规则。如果阿达表现优秀，拜伦夫人就会奖励她一些"纸质券"；如果未能达到拜伦夫人的预期，这些"券"就会被没收。等到"券"的激励机制也没法激励阿达做功课时，拜伦夫人便会把阿达关在衣柜里，直到她意识到自己的错误为止。尽管弗伦德博士（拜伦夫人的家庭教师）和奥古斯塔都提醒过拜伦夫人，不要给年仅五岁的阿达施加太大压力，让她从早学到晚，但拜伦夫人还是坚持用自己的教学"制度"。有一次，阿达说自己希望早点结束算术，结果被拜伦夫人训斥了一番。之后阿达承认了错误，并在上交给拜伦夫人检查的日记中写道："我真蠢，居然说自己不喜欢算术，不想学有关数字的东西，其实我是喜欢学这些的——我的想法跟自己的说法完全不一致。如果我尽力学的话，一定能把算术学得更好。"

拜伦夫人将瑞士著名教育家裴斯泰洛齐的教学理论整合进她给阿达制订的教育计划里，这样阿达就可以不用在周日正儿八经地上课了。裴斯泰洛齐是提出使用具体素材对儿童进行教育的先驱之一。使用这样的方法则意味着阿达玩积木时必须将积木拼成一个图案。阿达的家庭教师拉蒙特小姐很高兴看到阿达变得更加有生气，也很高兴看到她更乐于"在玩积木时发挥自己的想象"，而不是被某一模式牵着鼻子走。这个观点非常犀利准确，因为阿达的一生都在遵循这一模式。

阿达（1819年）

拜伦在意大利创作了大量的叙事诗和散文。他在书桌上总会放上一张阿达的照片。在写给奥古斯塔的信中，他表现出对阿达教育方向的兴趣：他希望阿达能学习音乐和意大利语。但当拜伦夫人表示阿达对机械类的东西感兴趣时，拜伦勋爵并没有感到失望。相反，他表示，"一个家庭出一个诗人就够了"。听闻此言，拜伦夫人如释重负。她急于用与机械和数学相关的东西来限制阿达的想象力。于是理智与情感这两粒相互冲突的种子便种在了阿达的孩提时代。阿达的前景是由无处不在的母亲营造的只讲事实的科学与技术的世界，她的背景却是由缺席的浪漫父亲描绘的难以名状的图像。

　　阿达七岁半时患上了奇怪的疾病，她的视力受到了影响，头痛经常发作。在医生的命令下，她的教育暂时被中止。拜伦勋爵在1823年就听到了阿达患病的消息，不过他当时刚抵达希腊，准备从奥斯曼帝国手中解放这个国家，而且让他心烦意乱的是，他竟然没能在日记中记下这件事情。好在1824年初，他收到一封信，信中详细地说明了阿达的状况，了解到女儿的病情逐渐好转后，他才松了口气。

　　阿达不知道自己还有一个父亲。1824年4月，拜伦勋爵染上流感，在希腊的迈索隆吉去世，享年36岁。根据他的男仆弗莱彻的叙述，拜伦勋爵的临终遗言是："噢，我可怜的孩子！——我亲爱的阿达！天呐，多希望能见她一面呀！把我的祝福带给她……"

　　当拜伦夫人将父亲的死讯告诉阿达时，阿达忍不住痛哭。对此，拜伦夫人的结论是，阿达痛哭其实是为了母亲，不是为她的父亲，小孩怎么可能会为从未谋面的父亲的去世而悲痛？

　　拜伦勋爵的遗体被佛罗里达号轮船运回了英格兰。举行葬礼时，47辆马车的随从团队穿过挤满了围观群众的伦敦街道。他的几个朋友主张将拜伦的遗体葬在威斯敏斯特教堂。不过，可能因为分居的事情，再加上"既疯又坏"的恶名，

拜伦勋爵的墓碑

拜伦的遗体没有被埋在威斯敏斯特教堂，转而葬在他老家纽斯泰德庄园附近村庄赫克诺尔·托克哈德的一座小教堂中。

从那之后，阿达就忍不住想知道，自己的父亲到底是怎样一个人。当她问"父亲和祖父是不是一个意思"的时候，母亲断然拒绝回答她这个问题（差不多30年后，阿达才向她的律师沃伦佐·格雷格回忆起这事），这事让她"心中升起了对母亲的惧怕感，到她死的时候这份惧怕感都没有消失"。

拜伦的表兄弟乔治·安森·拜伦是一名海军军官，在拜伦去世后继承了拜伦的爵位，成为第七任拜伦勋爵。这位新拜伦勋爵是拜伦夫人的密友，曾经携带家人（他的儿子乔治比阿达小18个月）前去拜访拜伦夫人和阿达。阿达没有兄弟姐妹，也没有多少朋友，于是她恳求母亲让乔治留下来与她同住，但是拜伦夫人没有同意。阿达最初写的信件里，其中有一封是用黑色镶的边，目的是为了纪念父亲的去世。

由于乔治没能留下来与阿达做伴，阿达不得不在她的宠物猫"泡芙太太"身上寻求安慰。动物在阿达的一生中扮演了非常重要的角色，尤其在拜伦夫人因病接受治疗而不在家或忙于乐施好善、扮演"好人"的时候。阿达细致入微地观察"泡芙太太"，并且能够生动地描绘出猫咪的每一个动作。任何事物都逃不过她的双眼。

当阿达的教母诺埃尔夫人在1825年去世后，拜伦夫人便和阿达在温特沃斯（拜伦夫人的遗产）定居。即使按照当时的生活水平来看，拜伦夫人也是一个非常有钱的人。除了赖斯特郡的几处房产租给别人之外，她还拥有几个煤矿厂。纵观她的一生，拜伦夫人不愧为一个精明的投资家，她总是能让自己的财产如雪球一般越滚越大。

拜伦夫人的政治立场同拜伦勋爵一样，都是辉格党①，不过，她并没有谴责工业化，而是尝试着帮助农民转型，让他们适应工业社会。拜伦夫人还为教育事业做了不少贡献。在

① 辉格党标榜实行"自由的、开明的原则"，反对君主制，拥护议会制度；辉格党人在宗教观点上多属各种教派的新教徒，并于19世纪中叶，与其他资产阶级政党合并，改称自由党。——译者注

当时的社会，十一个孩子中只有一个孩子能接受正规教育，在这样的背景下，拜伦夫人资助了许多与工业和农业相关的学校。拜伦夫人以来自演员世家的亨利·西登斯夫人在苏格兰所建的学校为雏形建立了自己的第一所学校。

拜伦夫人对有关合作的思想非常感兴趣，特别是教育家伊曼纽尔·德费伦贝格的主张。德费伦贝格在瑞士创建了一所学校，在这所学校里，年轻的贵族学生既可以学习知识技能，还可以学习实际的操作技能。合作小组风靡一时，为了促进道德、社会、工业和农业的发展，英国和美国都建立了这样的组织。

1826年6月，拜伦勋爵逝世两周年。此时拜伦夫人奔赴伦敦，为阿达的欧洲大陆游做最后的准备工作。她将阿达交给路易莎·查洛纳和侍女布里格斯小姐照顾。路易莎·查洛纳告诉阿达，说她一点都不漂亮。虽然阿达听后颇为不悦，但她借用查洛纳的评价分析了自己的感受，并得出一个结论——虚荣是"人类一切弱点和苦恼的罪魁祸首"。17年后，阿达依然会就虚荣这个话题进行探讨，并在写给查尔斯·巴贝奇的信中分享了自己的观点。实际上，阿达是同休·蒙哥马利，也就是玛丽·蒙哥马利的侄子一起提高数学技能的。

　　1826年6月底，阿达在母亲和新来的家庭教师斯坦普小姐的陪同下开启了欧洲大陆之旅。同行的人不少，其中不仅有拜伦夫人的朋友，还有她的表亲罗伯特·诺埃尔。他后来同阿达成为了好朋友，并在阿达的有生之年一直保持同她的书信往来。罗伯特是私生子，其父托马斯·诺埃尔牧师，即温特沃斯勋爵共有四个儿子。要是拜伦夫人的母亲没有阻止其兄长温特沃斯勋爵的婚姻，那么诺埃尔一家便会继承温特沃斯勋爵的财富。这笔财富大概每年能带来3000到6000英镑的收入（当时教师每年的薪水仅有300英镑，这笔收入相当于教师薪水的10到20倍）。因此，拜伦夫人觉得自己有义务给表兄弟们提供经济支持，承担他们的学费。

　　这趟旅行与阿达在乡下过的平静的生活大相径庭，对她来说这是一次巨大的转变。她在家人和新来的家庭教师的陪伴下环游了欧洲大陆，时长15个月。她写信给乔安娜·贝利夫人和母亲的其他几位朋友，描绘了阿尔卑斯山脉的迷人风景。她还用粉笔画了瑞士的旖旎风光。琉森湖上的蒸汽轮船让她大开眼界，教堂里的风琴乐曲让她觉得自己命中就该献身于音乐事业。之后一行人来到了都灵——一座之后对查尔斯·巴贝奇非常重要的城市。列队行走在都灵大街小巷的杂技演员及这座充满活力的城市让她满心欢喜。

当阿达和母亲回到英国后，拜伦夫人在坎特伯雷附近租了一个房子，即比弗伦斯。1828年初，拜伦夫人离开比弗伦斯去接受几个月的健康治疗。虽然阿达每天都在观察"泡芙太太"的滑稽动作，但她还是觉得非常孤单，在这样的情况下，她的想象力开始爆发。古希腊神话中，代达罗斯用蜡和羽毛做成翅膀逃出了克里特岛监狱。这个关于飞行的故事阿达没事儿就会想着玩。她富有想象力的方法非常具有科学性，而且有不少关于飞行的想法都是在1828年产生的，比亨森在1842年设计的空中蒸汽车还要早。

亨森的空中蒸汽车（1842年）

　　查尔斯·巴贝奇亲切地称呼阿达为"精灵小姐"。这位12岁的"精灵小姐"下定决心要飞上天空。经过一番深思熟虑后，阿达带着想象力与激情，有条不紊地着手这个项目。1828年2月，她开始了飞行的第一步——组装翅膀。她研究了

各种材料与尺寸，考虑过用纸、油绸、铜线和羽毛等不同的材料，她还特地观察了鸟类的身体构造以确定翅膀和身体之间的正确比例。她决定写一本名为《飞行学》的书，用很多的插图来阐释自己的部分研究成果。至于"抄近路横跨整个国土"所需的装备（比如指南针），她做了估算，经过估算后她就能越过群山、跨过山谷、穿过河流了。最后一步就是利用蒸汽，让飞行器飞起来。

不过，蒸汽是阿达最难克服的问题。她设计了一个方案并认为，如果这个设计能成功，那么她的飞行器会打造得"比汽轮船和蒸汽机车更棒"。她的设计方案是"把飞行器做成马的形状，然后在机器内部安装一台蒸汽引擎……这样就能带动一对巨大的翅膀"，用此方法"就能让人坐在机器马背上，让机器带着人一起飞到空中"。为了这个项目，阿达几乎请求了每一个人帮忙，从家庭医生到当时的家庭教师斯坦普小姐。

刚开始，拜伦夫人迁就了阿达，但在得知阿达为了这个项目把学业撂在一边后，她狠狠地训斥了阿达。于是，阿达向母亲表示自己会中止"飞行项目"，把房间里的绳子和滑轮都清出去。不过之后，她又搬了一只木马放在房间内，常常爬上马背，假装自己在骑一匹真马。

阿达很感激母亲对她说的那些"善意的忠告",搁置了飞行计划,但那些充满科技潜力的思想依然会调动她的想象力。就此阿达开始摸索自己独特的方法以理解科学与技术——这是一种将想象力和科学实验加以结合的方法。

用数字整合你的想象力以及脑海里思考的东西是此练习的第一步。通过这一步,你会对自己的基本技能有一定的了解。测试技能的最佳方法就是玩游戏。下面这个游戏基于克里普托,如果你没有克里普托游戏,你可以试着拿扑克牌自己做一个这样的游戏。

1. 拿一副扑克牌,去掉花牌和王牌,只留下40张牌。

2. 洗牌,然后给每个玩家发四张牌。发完后,翻开下一张牌。

3. 你的任务是用加法、减法、乘法和除法,将手上四张牌的点数经过运算后,得出翻开牌的点数。

4. 游戏并没有你想象得那么简单,却能让你习惯心算。

5. 这个游戏也属于一种估算方法,估算能力在这个时代具有至关重要的作用。

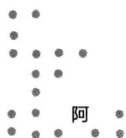

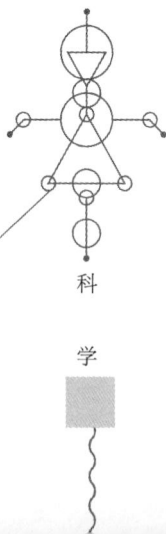

诗

意

科

学

1829 1834

第三章

阿达爱狡辩的毛病；"我已改头换面"；与巴贝奇相遇①

1828年底，阿达的人生发生了翻天覆地的变化。阿达13岁了，初入豆蔻年华，斯坦普小姐也因为结婚而离开了。至此，拜伦夫人再也没有请过别的家庭教师，转而向索菲娅·弗伦德（威廉·弗伦德博士的女儿）、金博士和阿拉贝拉·劳伦斯小姐等好友求助，请他们帮忙教导阿达。索菲娅·弗伦德不像她父亲那样敢于打破传统，她是一个非常正派、呆板且爱挑剔的人。金博士是布莱顿合作社的

---

① 原文的标题中还有"rainbow"这个单词，指的是阿达对彩虹产生的一些疑问。但有关彩虹的问题实际上属于第四章的内容，故将之从本章的标题中删掉。——译者注

负责人，他的妻子玛丽是福音派基督教徒。阿拉贝拉·劳伦斯小姐则是一名来自利物浦的教育家，她也参与了"合作小组运动"。

1829年初，就在拜伦夫人为阿达制订教育计划时，阿达却染上了麻疹。这么一来，她便不能设计飞行器，也不能骑马了，只能卧病在床，一直要到1832年年中才恢复。不过拜伦夫人觉得这段时间恰好是一个机会，能让她放下杂事，专心学习。于是，拜伦夫人聘请了阿拉贝拉·劳伦斯小姐，让她通过写信的方式来指导阿达学习。除了通信之外，劳伦斯小姐还会每隔几周就亲自到阿达家，探望这名卧床不起的小姑娘。

拜伦夫人会阅读阿达回给劳伦斯小姐的每一封信，并在后面附上自己的补充内容。她提醒劳伦斯小姐一定要留心阿达有爱"狡辩"的坏毛病，并请劳伦斯小姐务必要纠正阿达的这个恶习，因为"这个恶习会让他人觉得阿达很不好相处，缺乏对他人的尊重，所以必须改正她的这个恶习"。阿达的刻薄言语不仅反映了一名13岁少女的叛逆心理，同时这也是她母亲行为的镜像。拜伦夫人当时正忙于"狡辩"，她拉了一堆人抵制托马斯·莫尔（拜伦勋爵的密友）的自传。她之所以这么做是因为，这部自传以拜伦勋爵的角度，解读了拜伦夫妇分居的过程。

阿达踩上了一条岌岌可危的钢丝。她一边试着圈定自我身份的界线，一边又想取悦她的母亲。因此她写信给阿拉贝拉·劳伦斯，表示被疾病困在床上的自己非常焦虑和不安。她坦言说自己非常容易发怒，哪怕是一件微不足道的小事情，都会像"查理十世丢掉一个国家"那样让她气得透不过气来。

1832年，阿达和拜伦夫人迁往作家亨利·菲尔丁住过的福德霍克宅邸。年底，阿达的健康状况有所改善，但由于卧床太久，导致她体重超标。她跟母亲说自己很想学骑马和音乐。拜伦夫人辞去了劳伦斯小姐，聘请了一堆老师，教阿达化学、拉丁语、速写（威廉·特纳）和音乐。阿达身边布满了监视的眼光，参与监视的不仅有她的母亲，还有被阿达称为"复仇三女神"的老姑娘们（阿达母亲的三位朋友，终身未婚）。不过有些时候，他们的监视并不严密。

十多年后，阿达向她的律师沃伦佐·格雷格吐露了一个秘密，大概在1833年2月底或3月初，阿达在严密的监视下同一位家庭教师发生了一段暧昧的关系。虽然阿达"误入歧途"的具体日期没有定论，但格雷格对这件事的叙述非常生动逼真。他一直以拜伦勋爵女儿的身份看待阿达，阿达却总喜欢给他带来惊吓。回忆起这件事时阿达对格雷格说，她和她的情人尽其所能跑到了很远的地方，想避开众人的监视。

当然，阿达还是被逮住了。赛琳娜·多伊尔发现阿达和这位家庭教师过于亲密，便提醒拜伦夫人多留一个心眼。于是，拜伦夫人解雇了这位家庭教师。阿达怒气冲冲，发了疯似地跑到他家去找他，不过很快又被遣送回福德霍克宅邸。经过这次的鲁莽之举后，布里格斯小姐、金博士及其夫人等人轮番对阿达上了一堂又一堂的说教课。4月6日，特纳拿到了部分的薪水。尽管阿达的其他家庭教师在6日之后也都拿到了薪水，特纳先生却再也没有拿到过一分钱。

通过她写的信，我们可以看到，经过深刻的自我反省后，阿达认识到了自身的错误，同时她也开始学习骑马。带着狂野的激情，阿达在达比和希尔芙这两匹马的马背上风驰电掣。她脸上的婴儿肥也渐渐地消失了。

除了性爱，阿达的脑子里还装着许多其他的事情。1833年5月10日，阿达前往宫廷出席宴会。拜伦夫人在5月13日写给金夫人的信中谈到这件事："阿达穿着白缎薄纱裙。第一次看到威灵顿公爵、塔列朗①和奥尔良公爵的阿达非常开心。

———————————————

① 这里指的是法国外交大臣夏尔·莫里斯·德·塔列朗-佩里戈尔（1754—1838）。——译者注

她很喜欢威灵顿公爵的坦率，说塔列朗让她想到了'老猴子'，她还觉得奥尔良公爵非常讨人喜欢。"

阿达曾写信给她的朋友范妮·史密斯，说自己有了新的爱好——吉他。她的新老师乌雷亚伯爵是一位地位非常高

"圭塔帕"

的西班牙人。乌雷亚伯爵是一名优秀的吉他手，阿达在形容他时表示他"在稍远的距离内能用吉他演奏出整支乐队或管弦乐队的效果，他还能演奏出竖琴和响板的效果。事实上，他能用吉他演奏出任何乐器的效果"。也正是那段时间，阿达结识了查尔斯·巴贝奇。历史上，她与巴贝奇有着千丝万缕的联系。

字母函数爵士，

一位享誉盛名的骑士，

他在传统领域未获一丝赞誉，

遂决定环游世界试试运气，

脑袋里除了X、V、Y，装不下别的东西。

查尔斯·巴贝奇

1833年6月5日，阿达在某个宴会上遇到了查尔斯·巴贝奇。作为一名数学家，42岁的巴贝奇自称"字母函数爵士"，他与阿达的父亲一样毕业于剑桥大学。遇见阿达时，他的妻子早已去世多年。巴贝奇被誉为19世纪最伟大的思想家之一。兴趣广泛的他喜欢捣鼓机械玩偶和器械机器，也喜欢研究碰运气的游戏中体现的概率原理以及象棋的走势布局等。阿达认识的成年人大多都循规蹈矩，但巴贝奇不同，他是一个会打破传统的人。他看待政治、科学、技术和数学的方式与众不同。

　　巴贝奇在剑桥大学读书时，与朋友约翰·赫歇尔和乔治·匹考克一起创立了分析学会①。他们希望学校能够采纳莱布尼茨的微积分概念，而不是牛顿的"流数术"。这三个人下定决心要尽自己最大的能力，让这个世界变得更睿智。

　　赫歇尔后来成为一名杰出的天文学家。乔治·匹考克则成为伊利大教堂的主持牧师，主导剑桥大学的主要教学改革。巴贝奇为我们日后的计算机革命留下了概念基础。巴贝

---

①　分析学会成立于19世纪早期，成员大多为剑桥大学的学生，学会成立的目的是为了推动莱布尼茨的微分学符号在英国的使用，因为当时英国数学界广泛使用牛顿创制的微分符号。分析学会于1814年解散。——译者注

奇在其自传《一个哲学家的生命历程》中叙述，这一切的起源是赫歇尔鼓励巴贝奇造一个机器引擎，用蒸汽作为动力处理数学运算。因此，巴贝奇成为历史上将目光转向用机器和技术操控数字的杰出数学家之一。

现代诗意科学的一个至关重要的技能是估算能力。正如阿达所写，基础数学技能必须成为"你思维的一部分"。在这个计算器和电脑触手可及的年代，估算能力显得尤为重要。2010年5月，据信，一名证券交易人误将百万美元的订单下成了数十亿美元，仅仅几秒钟就导致整个股市下跌了10%。人们花了好几个小时才把这次失误纠正过来，然而还是有很多人蒙受了巨大的经济损失。

诗
意

你可以在平时就训练自己用简便的方法进行估算。

1. 走向收银台之前，先估算一下自己手上的商品总值大概是多少。

2. 将预算按照不同的需求分成几份，估算每份预算的比例。

3. 估算你的信用卡账单到月底时会是多少。

4. 清楚地了解大数额，准确地辨别3、30、300以及3000000000。

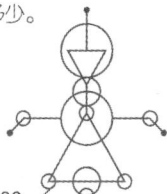

科

学

1833

第四章

从计算器到差分机

计算设备的起源可以追溯到人类历史之初。最为人所知的计算设备当属算盘了。人们还用鹅卵石①绑在绳子上来计数。1642年，19岁的法国数学家布莱兹·帕斯卡发明了第一台计算器。他十分厌烦父亲交给他做的账目本，于是便发明了这台机器来替自己做加法。1671年，德国数学家莱布尼茨设计了一台"步进计算器"，该机器通过叠加法来实现乘法运算。巴贝奇在制作他的第一台计算器差分

---

① 原文中，作者在"鹅卵石"（pebbles）后面加注了另一个词"calculi"。"calculi"是"calculus"的复数形式，有"结石"、"微积分"的含义，但这里特指该词的初始义，也就是当计算器使用的鹅卵石。——译者注

机时将步进计算器加以改良。

透过一系列的书信我们可以发现，阿达实际上极少提及查尔斯·巴贝奇，可是即便从这些只言片语中我们还是能明显察觉到有一位非常特别的人闯入了阿达的生活。从巴贝奇保留下来的大量信件看，他与阿达的通信主要集中在1843年的夏天，当时她正在给巴贝奇的分析机作解释性的注释。如若想了解从1833年至1835年间阿达与巴贝奇及差分机之间的关系，我们只能依靠其他的文献来源。下面的信息主要来源于洛夫莱斯–拜伦作品集中的信件以及拜伦夫人的日记，还有巴贝奇的自传《一个哲学家的生命历程》和安东尼·海曼著作的《查尔斯·巴贝奇：计算机先驱》。另外，"附录一"中列出了其他的信息来源。

1843年，阿达正在为巴贝奇的分析机撰写注释。她最厉害的一点是能够区分巴贝奇所有的计算引擎的不同之处。她对计算引擎狂热的拥护和对这些机器的看法很有可能源于她初见差分机时的情形。她坚信巴贝奇的计算引擎不但非常实用，而且还能让人们对数学和科学产生更为深刻的认识。因此，了解差分机的历史是非常重要的。另外，我们应着重关注差分机，就像阿达第一眼看到这台机器，以及像巴贝奇于1833年6月满怀激情地描述这台机器一样，这么做也非常重要。巴贝奇因时常在家举办周六夜晚派对而闻名。他举行的派对吸引了当时的无数名流，其中包括：威灵顿公爵、查尔斯·达尔文、查尔斯·狄更斯、迈克尔·法拉第、安德鲁·克罗塞（电学实验员）以及哈丽雅特·马蒂诺（科普作家）等。有这些人，派对的谈话内容一定会非同寻常，不过在巴贝奇举办的夜晚派对上，光芒只属于差分机。

1823年，巴贝奇拿到了第一笔用于支持技术发展的政府补助金，利用这笔资金，他造出了第一台计算引擎差分机。政府承担了部分研发开支，不过在1833年6月巴贝奇与阿达相识时，机器研发的资金却陷入了窘境。那个时候，机器已经

差分机

完成了一部分。机器设置了一个反馈机制，在计算完成后能打印出对数表，用于船只的导航。这台机器对有关差分运算的理论产生了影响。

在巴贝奇位于多塞街的房子后，有一栋玻璃屋顶的防火建筑，他就是在这里监督机器的制造的。机器高29英寸①、宽27英寸、长36英寸，跟一台小型的现代商务电脑差不多大小。参观差分机的时候，你必须先穿过那栋防火建筑前的奶牛场空地，但为了看差分机，对许多人而言，走这一段路还是值得的，因此院子里经常人山人海。

派对夜晚最精彩的部分就是巴贝奇向宾客们展示差分机的时候。当巴贝奇首次向威灵顿公爵展示差分机时，他在机器旁边放了几首曲子。巴贝奇知道威灵顿公爵非常喜爱乡村舞曲，他想让公爵把机器与音乐联系在一起。威灵顿公爵却表示，在指挥军事战役时，这台机器能帮助将军解决如何掌控战争的各种变数问题。

巴贝奇在自传中回忆道，一位妇女看到差分机后问："如果你输入错误的数据，机器会算出正确的答案吗？"如今对于这种情况，我们有一种专门的表达方式叫，"无用输

---

① 1英寸等于2.54厘米。——译者注

威灵顿公爵

入，无用输出"[1]。哈丽雅特·马蒂诺讲述了巴贝奇回答该问题时的情形："我一直认为作为东道主的他占有巨大的优势。那会儿他会耐心地解释机器的工作原理，这一点很值得人学习。就我自己而言，第一次亲眼目睹这台机器时，我便认为这是一个奇迹。"

　　相识了不到几个礼拜后，巴贝奇便邀阿达前去参观这台神奇的差分机。50多年后，索菲娅·弗伦德回忆起阿达初见差分机时的画面："拜伦小姐虽然很年轻，却一眼看懂了这台机器的工作原理，并看到了此发明的美妙之处。"拜伦夫人在6月21日曾写信给金博士，通过节选的信件内容我们能更清楚地了解她与阿达看到差分机时的初次印象。拜伦夫人称差分机为一台"会思考的机器"——这个错误的称呼一直都

---

[1] "Garbage In Garbage Out"，简称为"GIGO"，即若输入错误的数据，那么输出的数据也是错误的。——译者注

没有被消除。这台机器是当时最先进的计算机器，尽管巴贝奇在其著作《布里奇沃特神论第九篇》①中论述说，这台机器能够发挥超自然的技艺，但差分机也不过是一台大型计算器而已。

拜伦夫人称这台机器为"会思考的机器"，但这并不能准确地描述该机器的性能，这个名字是当时人们对这类机器的统称。实际上，它是一台计算引擎，使用者需要将数字输入到连续的滑动托架上，托架由边缘刻有十个数字的齿轮组成。计算加法时，齿轮每从0到9转动一圈后，突出的轮齿便会推动一个特定的杠杆。巴贝奇描绘了差分机如何只需9秒钟的时间就可以快速准确地完成运算。

巴贝奇描绘的差分机肯定打动了阿达，因为这不再是对机械操作数字的单纯解释，而是实实在在的实践行为。对阿达和巴贝奇而言，对数字的操控不仅仅是一次实打实的操

---

① "布里奇沃特"指的是布里奇沃特伯爵八世，即弗朗西斯·埃杰顿。他在临终之前留下8000英镑，希望能找到学者写以"《创世纪》中体现出的上帝之力量、智慧与仁慈"为主题的论文。戴维斯·吉尔伯特接任英国皇家学会的主席后委任八位学者写了八篇文章，因此这些论文被通称为"布里奇沃特神论八篇"。巴贝奇于1837年发表的《布里奇沃特神论第九篇》主要针对的是威廉·休厄尔在《用自然神学思考天文学与普通物理学问题》中所阐明的观点。——译者注

练，更是一条通往数学和形而上理论王国的途径。

拜伦夫人对形而上学的领域完全不感兴趣。她认为巴贝奇有关形而上学的观点只是"一时的突发奇想"，并希望阿达能扎根在她所认为的"事实"这块土地之上。拜伦夫人还得时刻留意阿达身上是否流露出从拜伦勋爵那里继承来的热情奔放的本性。出于这个原因，拜伦夫人请严肃冷静的金博士帮忙，让他既能帮助阿达学习数学，又能确保阿达不会被激情带偏了方向。金博士写了许多说道劝诫的东西给阿达，当阿达询问具体的数学问题时，金博士却表示自己很困惑。他解释说道，作为剑桥大学的学生，他很少阅读指定范围以外的书籍。

尽管金博士总是对阿达说教，但当阿达结识巴贝奇后，她再也没有把学习更多有关数学、科学和技术的知识当作是一项任务，而是当成了一份乐趣。阿达不再向金博士询问更多关于数学的问题，转而尝试用自己的想象力找到解决方法，将数学问题及解决方法形象化。她没有将自己的想象力毁灭，而是以自己的方式合理地运用它。她很想弄明白一些关于彩虹的问题，但是她没有去问金博士，而是问了她母亲曾经的老师弗伦德博士。她写信问道："为什么彩虹总是弧形的？为什么它会是一条曲线的形状？为什么是弧形，而不是其他的曲线形状呢？我认为自己很清楚为何彩虹的七种颜色没有杂糅在一起，也知道入射光要想变成这些颜色需要什么角度。但我不是很确定自己是否完全了解副虹[①]。观察者的眼睛不应该在彩虹弧所形成的圆圈中间吗？"

在那封信的末尾，她还问弗伦德博士有没有读过萨默维尔夫人的新书。萨默维尔夫人是阿达的另一个新朋友，对阿达的人生影响非常大，她帮助阿达用人文的眼光看待数学与科学问题。

这段时期的阿达对副虹非常好奇。如果是现在，她可以通过搜集文献、上网搜索，或前往维基百科找到对副虹的解释：

诗
意

很多时候，人们会在"主虹"之外看到另外一条颜色较暗的彩虹，即副虹。副虹是阳光在水滴中经过两次反射而生成的，它的"彩虹角"为50°至53°。由于第二次反射的缘故，副虹的颜色顺序跟主虹相反，它的外侧为蓝色，内侧为红色。阿弗洛狄西阿的哲学家亚历山大首先观察到主虹与副虹中间的区域的亮度较暗，后人便将之命名为"亚历山大暗带"。

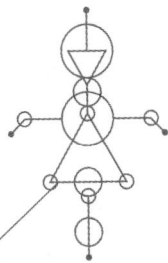

科

学

———————————

① 　副虹又称"霓"。——译者注

1834 1835

第五章

"使之成为你思维的一部分"；
解未解的方程式；通用计算机

尽管弗伦德尽心尽力地为阿达解题答疑，但他终究抵不过年纪的增长。于是他劝阿达要跟萨默维尔夫人搞好关系。作为一名知名的科学家，萨默维尔夫人当时刚刚出版了《论自然科学的关联》。为了纪念她，现在牛津大学还有一个学院是以她的名字命名的。

玛丽·萨默维尔基本属于自学成才的类型。当她在阅读一本缝纫杂志时，看到了杂志上写的一些数学难题，从而激发了她对数学的兴趣。第一任丈夫去世后，她自学数学，还阅读了牛顿的拉丁文作品。乔治·匹考克（巴贝奇的朋友）还拿她翻译的拉普拉斯的法文著作做剑桥大学的教科书。除了科学家的身份让人肃然起敬外，萨默维尔夫人还是一位温柔、谦卑、善良的人。

从萨默维尔夫人写给阿达的信件中我们能明显看出，她不仅想帮阿达提高她的数学水平，还想用正确的观念引导她对一切事物的热情。因此，不管阿达想学织帽子还是想学骑马，萨默维尔夫人都会鼓励她。阿达经常（有时会自己要求）到萨默维尔宅邸拜访萨默维尔夫人。萨默维尔宅邸位于伦敦切尔西区的皇家医院附近，萨默维尔先生（萨默维尔夫人的第二任丈夫）是皇家医院的一名医生。

这是阿达第一次与一个传统的家庭打交道。她与这个家庭的每一位成员都建立了深厚的友谊：萨默维尔夫人的女儿玛莎和玛丽，以及萨默维尔夫人与第一任丈夫所生的儿子沃伦佐·格雷格。格雷格不仅是阿达的律师，还是她的好朋友和知己。她与萨默维尔家族的成员一起演奏音乐、一起骑马，还一同去拜访巴贝奇——她度过了许多快乐的时光。

阿达在信里还提到过巴贝奇的朋友戴奥尼索斯·拉德纳。拉德纳是一位科普界的名人，曾在力学研究所就差分机开过讲座，阿达也去听了他的讲座。她用的数学教科书就是拉德纳编写的，而且她对拉德纳在《爱丁堡评论》上发表的与差分机相关的论文印象非常深刻。1834年6月，拜伦夫人这样写道，阿达"把差分机当成了朋友"。

阿达继续参加巴贝奇的周六夜晚聚会。巴贝奇给阿达发了一封邀请函，想吸引她过来参观自动娃娃"银夫人"——这是他拥有的两个自动娃娃中的一个。在巴贝奇的自传中他对其中一个娃娃做了描述："她的眼中充满了想象力……"但是从阿达写给萨默维尔夫人的信中我们可以看出，相较于"银夫人"，差分机对阿达的吸引力更大。

1834年夏天，阿达终于有机会看到发展中的工业革命。她同母亲一起去英格兰北部旅行，并访问了在英格兰境内繁荣发展的许多新工厂。他们去考文垂参观了打印机厂和织带厂。那些机器让她想起了巴贝奇的"机器至尊瑰宝"。拜伦夫人还画了一张用于给织布机发指令的穿孔卡的图像。在英

提花织机和穿孔卡

格兰中部结束了为期数周的工厂之旅后，她们与拜伦夫人的朋友戈斯福德夫人以及她的两个女儿安娜贝拉·艾奇逊（以拜伦夫人的名字命名）和奥利维亚·艾奇逊①暂时同住。当两位母亲忙于接受健康治疗时，阿达则决定好好利用时间，教安娜贝拉和利维学习数学。

当了老师的阿达在信中揭示了自己是如何教授那种让人提不起兴趣的科目的，尤其是年轻女性的兴趣。她对事物的理解力透过对想象力和量化技巧的使用而展现在我们面前。阿达写信通常会使用"剑桥对折纸"，这是一种羊皮纸，一张纸差不多是一张常规纸的四倍大。她还会使用颜料和当时被认为是粗俗工具的罗盘和量角器。如果她的学生在本该用直接证明的地方用了间接证明，她就会训斥她们。她和她的父亲一样，认为恰当使用比喻能够强化对数学概念和典故的理解。

她使用拉德纳的教材，并写了一篇计划文案，取名为"整齐、整洁、漂亮"，还使尽全力发展团队精神。阿达调动一切可行的技能让学生听懂自己的意思，同时将理性和想象力加以运用。阿达跟她母亲一样坚持要求学生拿出出色的

---

① 昵称为利维。——译者注

表现，不过她没有用奖惩券这样的方法。至于数学术语，她除了用口头语言解释外，还会用直观、形象的方式解释。通过与学生签订协议，她营造出一种团队精神，并建立了"联合代表团"。她后来在信中这样写道："两位年轻的贵族小姐之间持续多年的数学通信透着多愁伤感的气息，今后，这些信件必将以人类或女性的启迪为目的出版发行。"

在对数学的理解上，阿达一直在运用想象力和坚持概念性理解之间轮换。她写道，自己真正觉得自己搞懂了一个命题是"我能在脑海中想出某个未定的数字，以及哪怕没有图书或帮助，我也能完成命题的解释和证明的时候"。虽然阿达忙着做与数学和差分机相关的事情，但她依然没有忘记音乐——她不仅坚持练习吉他，还在这个时候开始学习竖琴。

不同的情绪和语言开始在阿达逐渐增加的信件中出现。她开始根据收信人来展现自己不同的人格品质。她还坚持给金博士写信，解释自己理解数学的方式；写给金夫人的信中，她会聊聊自己道德发展的状态（可能更多的是为了取悦她，而不是表达自己的真实想法）；写给萨默维尔夫人的信中，由于不需要害怕被说教，她会更真诚地谈自己正在做的事情、思考的内容和感受。

在写给金博士的信中，阿达向他保证，自己是在用戴奥尼索斯·拉德纳编写的教材学习欧几里得定理的。她在信中问了一个问题："能不能只用在第一本书中提到的命题和演绎法证明这样一个问题——若等边三角形是由一个直角三角形的两条直边及其斜边构成，那么在两条直边上的三角形总和是否等于在斜边上的三角形？"

这些信件在她学生手里来来回回地传阅。在教几何学的概念时，阿达会运用图形来解释命题，用颜色让学习的科目看起来更加有趣。她总是提醒自己的学生，"让数学成为她们思维的一部分"。有些时候，意识到自己太过专横霸道后，她会对学生道歉，说自己过于急切而忘记了其他的事情。

回到伦敦后，她在11月8日写信给玛丽·萨默维尔，请萨默维尔夫人替她感谢巴贝奇提供的机器蓝图副本，并说自己正在复制"前几天从巴贝奇先生那里顺走的"蒸汽机图纸。她写给玛丽·萨默维尔的信中不仅会聊到萨默维尔的两个女儿，她还会问一些有关巴贝奇的问题。萨默维尔夫人经常带阿达去巴贝奇在多塞街1号的房子拜访他。

1834年秋天，那是查尔斯·巴贝奇人生中最令人兴奋的时期，阿达在那个时候见证了那个改变人类生活的想法的诞生。阿达在信里没有写到那段振奋人心的时期，但她留下了

多塞街1号

一些记录，描述了那几个讨论差分机命运的夜晚以及巴贝奇透露新计算引擎概念的事情。阿达那个时候听到的内容无疑为她以后理解分析机奠定了基础。如今，分析机被许多人视为计算机概念的雏形。

拜伦夫人陪阿达出席过几次晚宴，但如果她生病了，阿达则只能独自一人与萨默维尔夫人和巴贝奇共进晚餐。晚上回到家后，阿达会跟母亲讲述他们在晚宴上谈论的内容。这些讨论让我们对巴贝奇的创造性思维有了粗略的了解。在这段时间里，巴贝奇和她们讨论了色彩的重要性，以及如何尝试用不同的油墨和彩色纸打印对数表。

11月15日晚，得知英国政府决定不再出资支持差分机的研发后，巴贝奇非常担心差分机的未来。据《泰晤士报》的报道，11月15日所在的那一周基本上天天都是暴风雨，政治动乱也是在那周出现的。当天，有谣言传墨尔本子爵（拜伦夫人的大表哥）辞去了首相之职，威灵顿公爵将成为临时政府的代理人。几天后，也就是18日，谣言得到证实。因为威灵顿公爵此前对差分机印象非常深刻，所以巴贝奇希望政府的变动对自己有利，可以让他得到必要的资金完成差分机的研发。

阿达和萨默维尔夫人于11月28日一同前往巴贝奇的宅邸，当晚他们三人进行了激烈的讨论。拜伦夫人在日记中写道，萨默维尔夫人和巴贝奇分析了为什么巴贝奇的计划得不到持续不断的支持，阿达则在一旁默默地听着。萨默维尔夫人表示，也许这个世界还没有做好准备迎接这台机器。巴贝奇则回应，就算自己不研发，别人也会研发。这样看来，新任首相将会是不看好差分机的罗伯特·皮尔爵士[1]。

后来，讨论的内容转移到上帝创造的奇迹以及数学上去

---

[1]　罗伯特·皮尔（1788—1850）：政治家，英国保守党成员，曾担任过两届首相和两届内政大臣，被誉为英国近代执法系统的开创者及现代保守党的创始人之一。——译者注

了。巴贝奇声称，差分机可以向世人展示，奇迹不但有可能出现，而且出现的概率还很高。阿达静静地聆听他的构想，被数学的可能性给迷住了。于是她开始期待下个夜晚与巴贝奇和萨默维尔夫人的会面。

12月15日晚，阿达再次与巴贝奇和萨默维尔夫人会面。这次，巴贝奇解释自己对探索过程的看法。他说："人类的意见分歧可以追溯到个体化权力的差别度。"巴贝奇继续解释说，人首先会对一个目标有大概的衡量，然后才会对准——拿设计一台机器来说——可以实现那个目标的机械装备的某个特定部分。接着他总结说，在上述两种思维类型之间存在着各种不同的阶段："最罕见的思维方式则能很大程度地将这两种力量结合。"巴贝奇又说，为了理解各种事物，首先我们应该把自己放在离需要被理解的事物较远的地方，然后再慢慢地靠近它以研究其细节。所以巴贝奇认为，天文学才是最完美的科学，因为我们被迫从远处研究它。

巴贝奇还描述了自己脑中首次闪现差分机时的奇妙感受，"就像第一次领悟了如何搭建一座从已知到未知的桥梁"。为了阐明自己的观点，他举了一个例子：一个人站在一座四面环山的高山上，他会感觉自己被群山包围。他再继续眺望时，山谷中的薄雾开始散开，一条看不清河道的小河

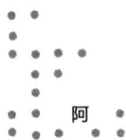

便展现在他的眼前，这时他确信这附近一定有出口。

巴贝奇在《一个哲学家的生命历程》中回忆起自己构思分析机时的情形："我忽然想到，也许我们能让机器达成一项心理过程，即预知的能力。1834年10月，我萌生了这个想法。因为这个想法，我思考了很多东西，但我在很短的时间内就想到了操作的原理。只要原理知道了，下一步就可以让具有预知能力的机器按照预知的内容行事了。"

拜伦夫人在12月15日晚的日记中写道，巴贝奇宣称自己有了新发现。此发现"属于最高级的数学范畴。我对这个发现的理解是，它包含了能解决那些迄今为止被认为是不可解的方程的解法"。拜伦夫人对巴贝奇的观点持怀疑态度，认为这样的的观点"无根据、自相矛盾"。然而阿达却对母亲说，自己对巴贝奇的观点中存在的"普遍性"感触良多——对阿达来说，这是一个通向新世界的入口。

下面这两个游戏是由游戏设计师斯科特·金姆设计的，它们可以帮助你理解巴贝奇的差分机。

游戏1：差分

巴贝奇的差分机是以一种简便算法为基础的，这样的算法被称作"差分序列"。下面是它的算法。平方数是某个数值乘以它自身，如25（5×5）或49（7×7）。请看下面几个平方数：

1		4		9		16		25……
	3		5		7		9……	

现在，计算出每两个数字之间的差，并写在第一行数字的下方的中间。如下：

1		4		9		16		25……
	3		5		7		9……	

看到第二行数字之间的规律了吗？如果你把第二行每两个差之间的差再算出来，你就会得到第三行数字。这行数字全部都是2。如果再次计算一次这一行两个数字之间的差，你会得到什么结果呢？

1		4		9		16		25……
	3		5		7		9……	
		2		2		2……		

诗

意

科

学

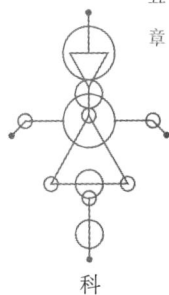

现在，该你试试了。计算下面一组数据之间的差。结果会是什么？

1   2   3   5   8   13   21

差分在计算机里非常实用，因为它能让你不用复杂的算法，如乘法和指数，只用简单的加法就能计算数字序列。

游戏2：用乐高积木做一台差分机。

乐高差分机

巴贝奇用精心铣削过的金属零件制造出差分机。但你不需要机械工厂就可以组装一台可用的计算机。上图这台差分机就是完全用标准的乐高积木做成的。

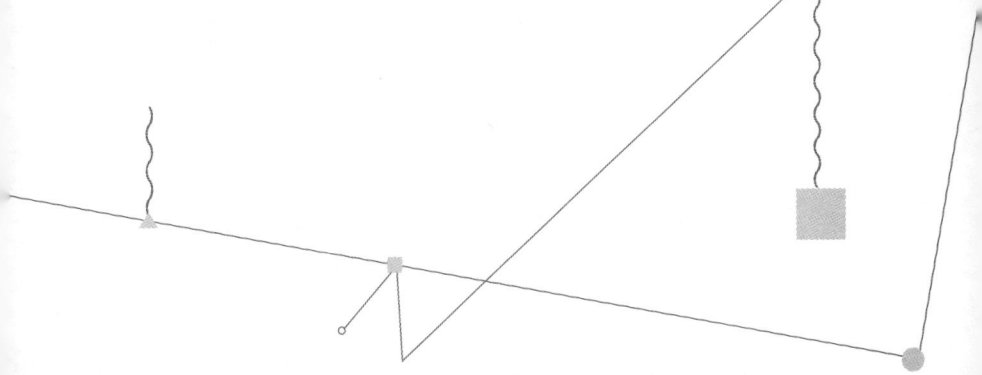

1835 1836

"通往爱情的坦途"；阿达的婚姻；
组建三口之家；拜伦的出生

阿达在1835年仍然保持与安娜贝拉和利维的通信，不过她的社交生活主要围绕萨默维尔一家和伦敦的社交活动进行。从福德霍克到伦敦需要坐几个小时的马车，因此阿达经常在位于切尔西的萨默维尔家过夜。

沃伦佐·格雷格在阿达去世后创作了一部20页左右的手写短传记，被收藏在萨默维尔家。他回忆说自己初见阿达时，由于她的麻疹病刚刚被治愈，药物遗留的副作用还是会让她备受折磨，比如，骑马的时候会感到眩晕，不时会神经紧张和身体疲惫。不过，阿达的日程却排得非常满，她仍然在坚持学习数学、竖琴和骑马，还经常出席各种社交活动。

萨默维尔夫人在一封信里关切地表示，阿达参加那么多活动，会不会有点太极端了。阿达则表示，没有什么能阻止自己。

1835年春，19岁的阿达前往沃里克郡拜访乔治·菲利普爵士，在那里，她结识了30岁的威廉·金勋爵。威廉·金来自一个显赫的家庭，社会、政治、教育和宗教背景都与阿达相似。大家都说他是一位认真、安静、聪明的年轻人。他和沃伦佐·格雷格在剑桥大学读书时是同窗兼密友的关系。

当时威廉刚从爱奥尼亚群岛回来，他在那里担任他表兄纽金特勋爵[①]的秘书，后者是爱奥尼亚群岛的高级专员。威廉有一幅穿着爱奥尼亚民族服饰的画像，这张画像让阿达想起了拜伦勋爵身着阿尔巴尼亚民族服饰的著名肖像画。但两人的相似之处仅限于此，因为威廉是一位非常严谨的人。此外，威廉还对与科学和技术有关的东西很感兴趣。

他们恋爱的时间不长，却非常甜蜜，那个时候这样的经历并不算一件稀罕事。不管是从想法上还是从语言上看，两人互写的"求爱信"跟大家想的没有太大的区别，阿达的个

---

① 即乔治·纽金特-格伦维尔（1789—1850），爱尔兰政治家，辉格党极端派。他担任了三年的爱奥尼亚群岛高级专员。纽金特担任高级专员时正值爱奥尼亚群岛的联邦共和国时期（1816—1864），为英国的受保护国。1809—1816年，英国在该群岛上派驻的代表被称为"民事专员"，而后才正式改为"高级专员"。——译者注

性却在那些信里表现得淋漓尽致。她写道，希望自己成为一名尽职的妻子，做一位"爱意满满、勤勤恳恳的妻子，为你和你的家庭履行我应尽的职责，以此将我欠你的悉数回报给你。这些事情我相信不需要你的提点我就能办到"。拜伦夫人跟威廉讲了阿达曾经与家庭教师有过越轨的行为，于是阿达写了这段话给威廉作为对这件事的回应。她还写道："我必须将这段记忆小心翼翼地保存在我的脑海里。请别生我的气，因为我说的都是事实——尺度刚刚好……"

阿达担心自己拜伦勋爵女儿的身份会让自己成为众人关注的焦点，所以在准备好宣布结婚之前，她对公布自己结婚的消息都非常小心谨慎。6月21日，阿达把消息告诉了萨默维尔夫人，却没有告诉沃伦佐·格雷格、玛丽和玛莎。沃伦佐·格雷格后来在与威廉共进午餐之时才知道了两个人即将步入婚姻殿堂的消息。此后，格雷格就拿阿达计划在夏天要做的事情来嘲笑她，但阿达还是拒绝透露任何她要结婚的信息，甚至连个暗示也没有。

这段时期，阿达身边的人有：史蒂芬·卢希顿法官（拜伦夫人的律师）的未婚小姨子卡尔小姐、玛丽·蒙哥马利小姐和赛琳娜·多伊尔小姐。阿达戏称这三个人为"复仇三女神"。据阿达所言，虽然她们总是干涉她的生活，但她从来没有在母亲面前指责过她们三人。在干涉与关心为两端的光谱上，萨默维尔夫人是站在关心一端的。她十分关心阿达的幸福事宜，并在回复阿达询问数学问题的信里写道："去草丘陵地骑骑马吧，哪怕待在骑术学校也会比只学数学更有益于健康。"

致玛丽·萨默维尔

亲爱的萨默维尔夫人：

我母亲说我一到您家就把自己搞得精疲力竭这件事让她非常"生气"，一想到这我就会忍不住笑起来。首先，我向您保证，您的善意让我受益匪浅，我母亲高兴还来不及呢。再者，我在家也常常把自己搞得精疲力竭，她已经习惯这样的事情了。总之，我至少还能讲出六个理由来证明（请原谅我的傲慢）您的说法非常荒谬，完全不像是萨默维尔夫人说的话。

但我开始有些恐慌了，因为我害怕您打算让我把所有的事情都处理得井井有条。您知道吗，不管怎样，我都不敢违抗您。我必须承认，离开您的时候，我痛不欲生，但接着，我便会不知何故地陷入一种脆弱的状态。总之现在，就在此时此刻，我几乎无法用颤抖的双手握住笔，但我也没法向他人诉苦，说自己生病了。

再过几个星期，我的病大概会恢复得很好了（尤其是见您的次数很多的话）。当我脆弱的时候，我就会对未知的东西感到极端害怕，这样的我会忍不住露出激动的神情，展现出激动的行为举止。我离开您后就是这个样子。我不知道我如何才能报答或感谢您对我展现出的所有善意——只有尽力做一个听话的好女孩，听从您的好建议拿出好的表现，才能报答您或表示对您的感谢。您是一位非常真诚的朋友，我向您保证，能交到您这样的朋友我十分开心。

请向您的两位女儿转达我最美好、最诚挚的祝福，希望她们早上能早点起床。母亲也让我向您转达她的问候。如果您知道有什么发明能让年轻女性的手指变得细嫩，请务必告知我，现在我的手指粗糙得跟破抹布一样了。希望能再次见到您。

以最诚挚之心感激您的奥古斯塔·阿达·拜伦

[1835年] 2月20日星期五①

福德霍克

---

① 阿达信件中的方括号均表示本书作者补充的内容。——译者注

　　1835年6月8日，阿达写信告诉威廉，即将到来的婚姻让她感觉非常平静，有一种满满的幸福感。她去了伦敦，在萨默维尔夫人那里过了夜，萨默维尔夫人还带她听了一场音乐会。阿达在信中表示，自己"对音乐有种无法抗拒的热爱"。紧接着她就在下文中用严肃的口吻写道，"到周五早上还要经过长长的四天时间，所以……到那天以及从今往后，带着最真诚的依恋和感谢，请你一定要相信我"。

　　威廉和他的两个妹妹赫斯特和夏洛特都加入到阿达的社交圈，他们也经常出席巴贝奇的聚会。阿达甚至在结婚前就称呼赫斯特和夏洛特为"姐姐"。不过，除了她们俩，阿达对待这个家庭的其他成员都非常谨慎，因为威廉跟他们相处得不是很融洽。威廉和他母亲的关系非常冷淡，还经常跟他的妹妹艾米丽和弟弟洛克吵架。

　　婚礼之前，阿达收到了金夫人和拜伦夫人的未婚女性朋友们写的信。他们在信中说，威廉愿意跟她结婚，教她怎么做一名合格的妻子，她应该感恩戴德了。直到约克郡的牧师萨缪尔·加姆伦来信调侃了即将到来的婚礼时，阿达才舒了一口气。他想知道这世上到底有没有"通往爱情的坦途"，因为他觉得通往数学的坦途肯定是不存在的。

7月8日，阿达和威廉在福德霍克举办了一场小型的婚礼，加姆伦牧师为他俩的证婚人，利维·艾奇逊为阿达的伴娘。根据婚前协议，阿达将从她继承的遗产中（年收入为3000英镑）拿出一半给威廉，也就是说在阿达的母亲离世后，威廉可以获得这部分收入。作为交换，威廉则将每年给阿达提供300英镑的自由支配收入，这与当时的家庭教师的年收入相当。

　　婚礼结束后，威廉和阿达先在萨里郡的家族宅邸奥卡姆度蜜月，然后又前往比邻萨默赛特的迈恩黑德的另一栋家族宅邸，波洛克的阿什利科姆，在这里他们可以俯瞰布里斯托尔海峡。威廉对建筑很有兴趣，还打算将一间烧炭炉的小屋改造成适合居住的家宅。阿达现在已经是名副其实的金夫人了，她的信件签名也改成了"A. A. 金"。夫妇两人也在伦敦的圣詹姆斯广场10号置办了一处住所，英国历史文化遗产保护组织于1993年在该地挂了一块蓝色的牌匾①，上书"计算机先驱"的头衔以纪念阿达。至此，在提到阿达的传记中，她的名号也被写为奥古斯塔·阿达·金，洛夫莱斯伯爵夫人。

---

① 　为名人故居挂蓝色的牌匾最开始是由英国艺术协会操办，之后于1986年交由英国历史文化遗产保护组织打理。该蓝色牌匾为圆形，上面写有名人的名字、生辰、头衔、职务等。——译者注

阿什利科姆的一处小径

　　蜜月期间，威廉和阿达会在一条名为阿什沃特的小径上散步。这条小径横穿他们在阿什利科姆的宅邸，而且这条路还非常出名，因为柯勒律治和华兹华斯都曾走过这条林木繁茂的小径。她很可能听取了弗伦德博士的建议去阅读了柯勒律治的诗歌。在剑桥大学时，柯勒律治曾组织学生为弗伦德博士辩护。如果阿达读过柯勒律治的诗歌，那么他对那些适用于诗歌创作的想象力的本质和具有创造力行为的理解一定会激起阿达的兴趣。

1834年12月，阿达听了巴贝奇所做的一番极具想象力的描述，在描述中他提到，当为用技术操控数字这一构想找到一种全新的方法时自己究竟有怎样的感受。1841年，阿达将发表一篇论文，她会在文中谈到将想象力的作用与科学中的创造性行为加以结合的问题。1835年夏，认识威廉，与他在静谧的小径上秘密地骑马或漫步，是阿达唯一想做的事情。然而这样的日子并没有持续太久。

9月，拜伦夫人与威廉·金博士的妻子一起前往阿什利科姆探望这对新婚夫妇。金夫人将阿达拉到一旁并提醒她，她母亲的病情现在非常严重。虽然不知道拜伦夫人究竟得了什么病，但她同威廉和阿达住在一起后身体状况很快有了改善，尤其有了威廉这位非常喜欢讨丈母娘欢心的女婿后，她的病情更是出现了好转。月底，他们几个人已经亲密到用宠物鸟的名称来称呼彼此：阿达是"小鸟"、"画眉"、"飞鸟"，威廉是"乌鸦"、"公鸡"，拜伦夫人则是"母鸡"。

10月，威廉和阿达回到萨里郡的奥卡姆后，两人第一次分居两地。威廉进入萨里民兵团参加训练演习，阿达则跟着母亲回到了福德霍克。阿达意识到自己的生活即将发生天翻地覆的变化——她怀孕了。12月，威廉再次离开奥卡姆，前往阿什利科姆，给他们的宅邸做修缮。夫妻间的情书在两地来回飞。

　　阿达也在忙着做一些家务杂事。除了管理奥卡姆的宅邸外，她还要视察仆人的工作，上竖琴课，坚持自学数学。她请了玛格丽特·卡朋特为自己绘制肖像画。那段时间，她还经常向萨默维尔夫人寻求帮助。

　　阿达对卡朋特夫人画的肖像画不太放心。"阿达美术馆"展示了这幅肖像画。1999年，我曾在唐宁街看到过这幅画像，而且2003年12月22日的《新闻周刊》刊登的托尼·布

卡朋特为阿达绘制的肖像画　　　　　2003年12月22日

莱尔首相的照片也在这幅画像前取景，这让我感觉很欣慰。

阿达对自己下巴的长短非常在意，从拜伦勋爵的一些肖像画中我们可以发现，阿达的长下巴似乎遗传了她父亲的这一特征。她埋怨卡朋特夫人在画像里着重强调了她的长下巴，"甚至都能在下巴上面写上'数学'两个大字"。

菲利普斯①给拜伦画的肖像画一直被藏在窗帘后面，正面朝墙，所以阿达一直都没有见过，直到十几岁时，她才看到了父亲的这幅画像。她会用很形象的言语去形容自己的下巴，不过那个时候，她绝口不提自己与父亲在容貌身体上的相似，或者父亲对她的影响。她的世界里只有以下事情：在乡间散步、骑马，弹竖琴，与知识分子朋友讨论数学和科学问题。

11月1日，阿达写信向萨默维尔夫人汇报，表示自己依然每天都在坚持学习数学，很期待萨默维尔夫人能来看看她，并希望自己能"成为正数而不要做负数"。威廉和阿达同萨默维尔一家和查尔斯·巴贝奇一起欢庆夫妻两人的第一个圣诞节。巴贝奇给阿达带去了一个特殊的礼物，阿达写信感

---

① 即托马斯·菲利普斯（1770—1845），英国著名肖像画家，为许多名人绘制过画像。他为拜伦绘制的画像名为《穿阿尔巴尼亚民族服饰的拜伦勋爵》。——译者注

谢了他。这封信是我们能找到的她与巴贝奇的第一次通信。阿达和萨默维尔夫人的通信内容里不仅包含了数学问题的讨论，还有一些轻松的玩笑。

阿达写给萨默维尔夫人的信里，以及后来写给导师奥古斯都·德·摩根的信里都含有不少的数学公式，我将这些公式都一一删除了。我保留的这些有关数学的内容并不完备，因为它们只反映了阿达对数学疑惑的部分。此外，她没有给导师支付任何费用，所以她很在意自己占用了他们多少的时间。不过，有一点很清楚，也是阿达的导师奥古斯都·德·摩根后来指出的一点，那就是阿达经常怀疑数学的基本原理或基础假设。如今的计算机可以替换函数方程中的某个变量，但是质疑基本原理或假设依然是我们需要掌握的一项关键技能。

致查尔斯·巴贝奇

亲爱的巴贝奇先生：

真的很感谢您之前送给我的矿石，我前几天刚从圣詹姆斯广场那儿拿回来。我希望自己也能有足够的勇气拆散一个木十字架，哪怕有人站在我面前我也不怕，我也担心自己是否有足够的聪明才智能够把它复原。

我很高兴在拉德纳的三角学上自己有了很大的进步，迄今为止，我就觉得自己学这门科目学得比较好。反正他的方法最契合我的思维方式。我自己算了大量的公式，也耗了不少的纸。

　　金勋爵也向您问好，我们都希望能很快地再次见到您。

请相信我，诚挚的A. A. 金

1836年1月18日

奥卡姆

　　阿达对数学的兴趣并不只局限于解决公式问题，她还非常注重数学学习的视觉和触觉方法。她想使用模型来理解几何的概念，并让巴贝奇和萨默维尔夫人帮她找合适的模型。阅读某本关于阿达的自传时，我惊讶地发现，自传里说有人竟嘲笑她运用模型的想法。哪怕是在今天，模型依然很适合用来说明数学和科学概念，比如，华生和克里克就用了模型对RNA和DNA做了简单的解释。

　　致玛丽·萨默维尔

亲爱的萨默维尔夫人：

　　您能告诉我有哪些做好的实体模型可以用来阐述球面

几何学命题吗？如果有的话，哪里能找到最好的？此外，一些好的金属板对我也有很大的帮助。我这里指的是有关球面圆上的交点的命题，比如，下面这个命题我节选自球面几何学，它比拉德纳的球面三角学要早……

这些理论让我陷入了绝望，我尽力在脑海里想象这些圆圈，我觉得它们快要把我逼疯了……

您最真挚的A. A. 金

1836年3月25日

奥卡姆庭院

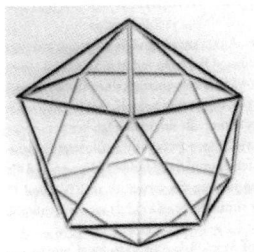

二十面体

四月底，阿达搬到伦敦圣詹姆斯广场的家，等待第一个孩子的出生。1836年5月16日，阿达的第一个孩子呱呱坠地，为了纪念孩子杰出的外祖父，阿达给孩子取名为拜伦。威廉告诉巴贝奇，就是因为这一幸福的事件，导致阿达没能看到日食。

8月下旬，带着愉快的心情，阿达同拜伦、赫斯特及仆人一起前往布莱顿探望拜伦夫人。回到奥卡姆后，她又担起了做妻子和母亲的责任。尽管如此，她也没有放弃音乐、数学、科学和骑马等兴趣爱好。威廉以拜伦夫人在伊灵建立的学校为参照，在奥卡姆成立了一所农工学校，阿达则帮他制订学校的课程安排。

生活难免有喜有忧。纵观阿达的一生，她一直都在担心母亲不知何时就撒手人寰。那段时间里，拜伦夫人向医生描述了每一种内伤外疼，并让医生细查了病情，可是医生依然查不出她的身体究竟有什么问题。阿达还责怪了那些医生。

致玛丽·萨默维尔

亲爱的萨默维尔夫人：

很高兴今早能收到您的来信，尽管我认为您应该不会把我给忘了。巴贝奇先生在写给金勋爵的信里提到，他是受了您的指示才来信询问的。我只希望您在上封信里提到的那个人可以给我提供一些信息，我非常乐意答谢他。您觉得，里奇博士作为一名教师，会不会了解一些模型或优质的金属板呢？您若愿意帮我询问，请千万不要向他提起我的名字……

我的孩子有多大可能会喜欢上数学呢？我能在教他数学

的时候得到什么乐趣呢？当他足够大的时候（肯定不可能让他在一岁就开始学吧），我自己又有多大的能耐呢？……请向您的两位女儿致上我的爱意。

您最真挚的 A. A. K.

[1836年] 4月10日星期日

奥卡姆

乐高恐龙

如果你根据上一章的内容，去看了安德鲁·卡罗尔的网站，你就能了解他是如何建造可运行的差分机模型的。

如今，模型对研究计算机科学、建筑学和生物学的学者来说极其重要。我曾参观过旧金山的欧特克博物馆，馆内用乐高积木堆成的恐龙模型我尤其喜欢。

模型可以用在日常生活中的各个方面。模型以精确的测量和想象力为起始点。你会如何运用模型来装饰你的房间或花园？如果你把模型玩转了，你便实践了"诗意科学"。

诗

意

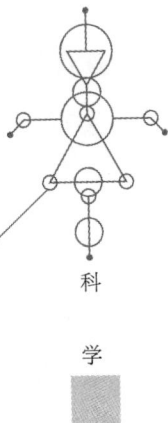

科

学

1836 1839

再获两孩；受封伯爵夫人；
语言天赋

如今，许多父母都会分担家务和养育孩子的责任，他们很清楚这些事情会对自己的职业生涯造成影响。从1836年到1839年，阿达不仅一直忙于育儿和家庭，还要参加维多利亚的一些重大典礼，因此她很难将注意力集中在自己的事业上。不过，阿达耽误正式研究的进程却给她带来了一个好处，那就是各种事情对她提出的要求迫使她培养自己的创造性与批判性思维技能。

数学与科学的认知发展再也不能以添加一串数字（计算器就能做到）或替代函数方程式中的变量（计算机也能做到）为衡量标准，而是以使用并整合各种技能的能力为衡量标准，这些技能包括客观、观察和实验等计数技能，以及想象、可视化和比喻等模拟技能。这些都是阿达在这段时间里正着手培养的技能。她化身为一名观察者，仔细地观察儿子的一举一动；她继续寻找几何模型，用来帮助自己以形象的方式去学习球面三角学；21岁生日时，她还收到了一个望远镜，用来观看星星。她对数学和科学领域的最新发现一直都抱着只增不减的热情。

当阿达再次怀孕时，出于好意，萨默维尔夫人主动提出要帮她照顾拜伦。不过拜伦也没有在萨默维尔夫人家待太久，因为阿达经常抱怨说要把小宝贝带回来，"家里没有他就变得完全不一样了，我不能再不管他了……不管接下来的孩子是男孩还是女孩，甚至是无性人，都会让我精神百倍"。话虽如此，她还是将自己的身体形容成一个巨大的酒桶。

1837年，阿达满心欢喜地收到了巴贝奇的新书《布里奇沃特神论第九篇》，该书的出版商约翰·默里曾经出版过她父亲的诗集。巴贝奇的这本书主要讨论了科学与宗教的联系。他曾在1833年和1834年向阿达阐述过这些观点，而阿达则对他的一些观点提出了质疑。

致玛丽·萨默维尔

我很期盼看到B先生（巴贝奇）的书……我觉得遗憾的是，这本书完成得非常匆忙，结构极其碎片化，论述不充分，看起来就好像是那种古怪的（大寓于小的）代数表达式，用一些简单的符号囊括并指代在各种复杂的相互关系中连续出现的初始量。相信您在这方面比我更有造诣。遗憾的是，这本书从某种程度来说并没有用丰富的内容填满其粗略的轮廓，因为它的目的是为了让某些不懂的人能看懂此书。我担心这本书会被读者低估，您提到的情况，即书中呈现出的仓促感，是被人低估的原因，尽管这种感觉实际上增强了此著作的优点，并预示了其具有更多的可能性。然而，我只是在对我尚未阅读的东西提出批评。我想，等我回到萨里后再将这本书读完……到时候，我可能会向B先生本人说出我的观点。

您觉得这样会不会有点冒昧？

至于数学，我在这里只学了一点点的内容，进度可以用蜗牛的速度来形容。我本来应该每天投入几个小时来学习数学，但现在的我就如被判了死刑的奴隶，卖给了那台竖琴，这个竖琴可不是宽厚的"主"。我把竖琴寄了过来，决定在这里停留的期间尽量多拨出些时间和精力，坚持每天练

习，努力取得进步。一般我每天都会练习四到五个小时，绝不会低于三个小时。哪怕结束了练习我也不会觉得累。出于习惯，练琴的姿势我已做得很自然了，而且与那位年轻的竖琴大师的姿势也基本一致了。事实上，我觉得练习很有益处……请向两位令爱转达我的爱意。

您永远挚爱的A. A. 金

［1837年］6月22日

阿什利科姆

所有这些活动和兴趣爱好都标志着一个新时代的来临。1837年，维多利亚公主登上王位，阿达很想知道这位女王会如何统治她的王国。威廉便是维多利亚时期最完美的代表：尽心尽责、勤劳刻苦、喜怒不形于色，一位带着家长式的关心对待佃户的认真正直的地主。他很悭吝，但一遇到建筑方面的东西他就很大方，因为那是他的激情所在。他不断地扩大自己的庄园，到后面在有关建筑方面的事宜上，他的抱负甚至变得愈发不凡。

阿达在写于7月21日的信里讨论了弗兰斯蒂德①与牛顿的论战，看过斯蒂芬·霍金的《时间简史》的读者也许会对这些内容特别感兴趣。牛顿向弗兰斯蒂德索要他所收集的数据资料，打算出版这些内容并将其归功于埃德蒙·哈雷。弗兰斯蒂德而后起诉了牛顿，法院颁布禁令，禁止牛顿使用他的观测资料。在这封信里，阿达提到了正在阅读这封信的苏格兰科学家大卫·布儒斯特爵士。他不仅是光学领域的先驱，还是科学作家和万花筒的发明者。阿达对牛顿的宗教信仰产生了怀疑，她怀疑牛顿是否真的信仰"三位一体"②。

1837年9月22日，女儿安娜贝拉（以外祖母的名字命名）出生后，阿达染上了霍乱病。根据当时的一篇报道，那一年伦敦爆发了大规模的霍乱，原因是市民饮用了泰晤士河里未净化过的水，但作为贵族染上这种病则是非常不寻常的现

———————————

① 约翰·弗兰斯蒂德（1646—1719），英国皇家天文学家，曾为三千多颗恒星命名。弗兰斯蒂德花了四十多年的时间编纂"星表"，但其中有一些数据在当时还未得到证实。为了避免自身的荣誉受损，他选择将这些资料尘封，放置在格林尼治天文台。1712年，牛顿通过弗兰斯蒂德的前助手埃德蒙·哈雷获得了这些资料并将它们发表。——译者注
② "三位一体"，又译为"三一真神"、"天主圣三"、"三一神"等，是基督宗教神YHWH（新教常译为上帝耶和华，天主教常译为天主雅威）的神学理论，建立于第一次尼西亚公会议的《尼西亚信经》，是基督教三大派别的基本信条。——译者注

象。阿达尝试了各种治疗方法，结果导致体重骤降。对此，拜伦夫人非常不开心，威廉却满心欢喜，因为他讨厌身材肥胖的人。

拜伦夫人非常推崇当时最新流行起来的催眠术。阿达却对催眠理论持怀疑态度，认为它不科学。她还复制了母亲做过的一项实验——"摇摆先令之谜"。

妻子的职责继续占用了阿达不少的时间。威廉开办了一所农业学校，这所学校跟拜伦夫人在伊灵开办的学校很相似，阿达则帮丈夫制订学校的课程。她还举荐了一系列可以帮助威廉的人，如弗雷德里克·奈特（他们在萨默赛特郡的邻居，也是一名出版商）、索菲娅·德·摩根（弗伦德博士的女儿）、哈丽雅特·马蒂诺（当红作家）。同时，阿达也建议威廉聘请科贝特或用他的作品作为教材。科贝特是一位激进派，其作品《骑马乡行记》记录了普通人的日常生活。

1838年，尚未痊愈的阿达前往伦敦，将位于圣詹姆斯广场的家收拾打点好。在伦敦的这段时间，阿达被众人批评，说她"不出去社交"、没有履行英国贵族夫人应尽的社会义务。阿达在这个问题上发表了自己的观点。此外，阿达还对威廉所擅长的室内装修提出了自己的看法，这导致两人发生了冲突。就在这时，夫妻俩接到了一个重要的消息。

维多利亚女王

　　1838年6月，维多利亚女王登基，册封威廉为洛夫莱斯伯爵，阿达成为伯爵夫人。尽管阿达很想从各种忙碌的社交活动中抽身，她却做不到。她用生动的语言记录了那段精彩的时期：盛装出席各种舞会，会见维多利亚女王，观看贝里尼与朱莉娅·格里西主演的歌剧《诺玛》。朱莉娅·格里西在《诺玛》中扮演了一位女祭司长（阿达后来还用"女祭司长"这个词来形容她与巴贝奇的分析机方案之间的关系）。此外，她还去了展览会，观看了最新的科技发明，如查尔斯·惠特斯通的电报。她八成也去听了迈克尔·法拉第（电磁发现者）在皇家科学研究所举办的人气讲座。

　　这幅肖像画（右下）是由沙隆在这段时间内绘制的。当然，画肖像的时间都是阿达从紧凑的安排里挤出来的，期间

她不但要参与讨论知名颅相学家安德鲁·库姆（当时风头很劲）的最新发现，还要帮助威廉处理学校事务，积极参加伦敦的社交活动。阿达还抽出时间阅读了巴贝奇的著作，即《布里奇沃特神论第九篇》的第二版。

1838年的社交活动季结束后，阿达重新回归家庭，并再次怀孕。这期间，威廉的妹妹赫斯特和夏洛特前往荷兰度假，而萨默维尔夫人则搬到了意大利。当时居住在阿克顿的拜伦夫人帮阿达照看了一段时间小孩，不过阿达和母亲对如何训练孩子有不同的观点。体验到做母亲的压力后，阿达开始思考女性在知识上能对人类的文明历史做出何种贡献。

拜伦肖像（菲利普斯绘）

阿达肖像（沙隆绘）

致查尔斯·巴贝奇

亲爱的巴贝奇先生：

我刚刚从镇子上拿回一堆包裹，这其中就有您出于好意寄给我的您作品的新版本。这本书展现出一种令人欣慰的回忆，这一点我非常满意，所以迫不及待地想向您致谢。

自从我们家新添了一位金小姐①后，我患上的令人厌烦、让人痛苦的疾病，困扰了我好几个月，想必您应该有所耳闻。虽然现在我看起来已彻底好转，身体状况也大有改善，但我离健康强壮还差得很远。要不是这些棘手的情况，金勋爵或我应该早就写信给您，强烈要求您来奥卡姆一趟或常常来奥卡姆。

金勋爵让我帮他向您转达诚挚的问候。希望很快就能与您叙叙旧。

相信我，您最真诚的奥古斯塔·阿达·金

[1838年]3月2日

奥卡姆

① 即阿达的女儿安娜贝拉。——译者注

7月，阿达参加了各种各样向维多利亚女王致敬的庆祝活动。她出席了一场舞会，由于过于害羞，威廉还得鼓舞她去"拜谒女王"。女王亲切地向阿达伸出手，阿达觉得女王的这一举动非常和善。从此之后，她所有的信件都署名为A. A.洛夫莱斯。

下一封信是最难誊写的信件之一，因为纸张很薄，墨水都晕开模糊不清了，而且阿达还在信里画了好多网格。我花了一个星期才誊好这封信。这是我、布鲁斯·斯特林、詹姆斯·格雷克最喜欢的一封信。这封信是写给她母亲的，主要内容是说她正在调整状态，适应伯爵夫人这个新角色。

阿达选择的玉米形状的发髻颇具政治意味，因为当时议会正在讨论《谷物法》①。据《泰晤士报》的报道，阿达曾在女王陛下剧院观看了全明星阵容出演的歌剧《露琪亚》。《露琪亚》的演唱者是佩尔夏尼夫人，她于1838年4月5日首次在伦敦演唱了这首歌。朱莉娅·格里西夫人则在歌剧《诺

---

① 又称《玉米法案》，是英国在1815年至1846年实施的一条对进口粮食加以限制和收取关税的法律。第五章中提到的罗伯特·皮尔在其第二届首相任期内废除了该法案。——译者注

玛》的第一幕中扮演了诺玛。除去这些活动，阿达依然有精力去参观惠特斯通的电报展览。事实证明，那次展览会绝非一般。

这个期间内的最后一封信落笔的时间与查尔斯·狄更斯在报纸上连载《雾都孤儿》的时间差不多。切特豪斯学校就是《雾都孤儿》主要想讽刺的"公立学校"之一。

致拜伦夫人

最亲爱的母亲：

今晚乃舞会之夜，我将把自己打扮得像一只浅黄色的小鸟，略带玉米色，衣服上还装饰有银色的流苏和玉米花（我敢肯定，您一定不知道这有何意义），中间掺杂了银色的玉米。我上述的打扮用一张草图也许就能让您搞清楚我之前跟您说的发型到底是什么样儿。发髻顺着脸部两侧往下走，底部与下巴平行。头上戴一个花环，前额头发的两侧分别有一条小小的枝条。后脑勺的头发则佩戴了掺杂银色玉米的秃鹳羽毛。花环主要由玉米花和银色的玉米拼接而制……

7月30日，星期一……就整体而言，这个舞会非常成功。我发现舞会上有不少人都在盯着我看，那些人还跟他们的同伴窃窃私语，那些同伴随即便盯着我看，这一点让我觉得心神不安。不过我没有看到他们脸上露出任何奇怪的嘲笑表情，不然我会倾向于认为自己有什么非常显眼的缺陷才会让别人盯着我，因为我实在是想不出还有什么理由能让这些人（甚至有不少人都不知道我是谁）这么关注我，毕竟舞会上还有那么多真正的美女可以看，比如西摩夫人等人。

周六晚上我们去看了歌剧，非常尽兴。我们选了两个前排座位，相当舒适，视角和听音效果都很不错。我们完整地观看了《拉美莫尔的露琪亚》，这部由多尼采蒂创作的出色的新剧选的是佩尔夏尼①扮演女主角露琪亚。我们还看了贝里尼的歌剧《诺玛》中的第一幕，格里西扮演的是庄严高贵的女祭司长诺玛。不过我们没有留下来继续看后面的芭蕾舞表演……

---

① 葛塔诺·多尼采蒂，意大利作曲家，是意大利浪漫主义歌剧乐派的代表人物，以创作的快速、多产而著称。他的代表作有《爱之甘醇》、《唐·帕斯夸莱》、《拉美莫尔的露琪亚》等。法妮·佩尔夏尼，著名花腔女高音。——译者注

上周，我去爱塞特会堂参观了电报机的模型。当时还是早上，除了我之外，只有一位中年男士在那里参观。他的举止让我感觉自己仿佛是件展品，这简直太无礼了，不可饶恕！因为展厅是在会堂的内部，他可能不知道我是坐马车过来的，再加上我那天早上穿的衣服虽然质感很好，但看起来比较朴素，所以我确定地认为他一定是把我当成了一名年轻的女家庭教师（而且我觉得他可能认为我相当美丽）。对他的鲁莽，我很小心地让自己不表现出任何一丝好奇，但同时又拿出端庄礼貌的举止，让他无法随意搭话或过于随便。他看起来好像已经在那儿待了一会儿了，但只要我一停步，他就停步，接着还跟着我走出了展厅。我尽可能让自己看起来有贵族气质，表现出伯爵夫人的姿态。艾瑟顿夫人在遇到这种情况时的表现就令人钦佩。虽然我最近经常一个人外出，但还不习惯随时随地面对这种无礼的行为，所以我认为他一定是个无赖。我们猜测他可能觉得我还未婚，看来我得让自己的外表看起来更成熟一些，不过我感觉自己每个月都在变年轻。由于看到电报机之后非常开心，我就没有太把其他观众的无礼之举放在心上。

我还去了克利赛姆剧院、展览中心和萨里动物园。多希望我能再次留在伦敦，现在的我有足够的精力待在那里。届时，我将每天去不同的地方看看，我相信伦敦永远都不会让我觉得疲惫。

明天我们就要动身回奥卡姆了，我很高兴能再次看到拜伦。上次威廉用剃刀的时候，拜伦还割伤了拇指。希望这次教训之后，他永远都不会再随便碰尖锐的东西了。安娜贝拉已经能独自站立了，还可以稍微走几步。她的进步太快了！安娜贝拉站起来的时候，拜伦会跑过去把她推到，就像假人一样。

[1838年7月26日] 星期四晚

圣詹姆斯广场

惠特斯通电报机

阿达同一群男性朋友一起去了剑桥，这其中包括弗雷德里克·奈特和加姆伦牧师。他们唤起了阿达对自身命运的深思——阿达对这个话题做了长时间的思考。她写道："在另一个人心里播下真理的种子无疑是无比可贵的行为。我们也许永远都不知道它会结出什么样的果实，但这颗果实会有不可估量的价值！这就是我对女性风度和成就的真实作用和目的的看法。"

接着她又说，如果"在音乐表演中，比如竖琴，完美和典雅就是唯一美好、令人愉悦的结果……那我可能不会这么努力地学习竖琴了……我真正渴望的是获得一种带着说服力和感染力，清晰明朗地表达自我的力量"。因此，她得出结论，虽然她钦佩和喜爱巴贝奇，但在这段时期内，加姆伦远远胜出。

阿达一生都对音乐很感兴趣。在接下来的几章里，我们会看到阿达对音乐的兴趣逐步飙升。正是有了这一兴趣，阿达在描述巴贝奇的分析机时，才将音乐和技术之间的联系形象化。

凯撒·阿尔瓦雷茨的音乐剧《未来性》受到阿达启发，用她作为剧中人物来解释技术和想象力之间的关系。这台音乐剧在2009年5月在纽约首映，剧场座无虚席。我也去看了这台音乐剧，感觉很喜欢，同时也喜欢这台音乐剧的视觉表现形式。

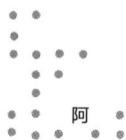

诗
意

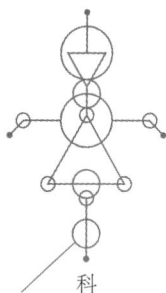

科
学

"未来性"

1839 1841

特殊的学习方式；"不可估量的远景"；单人跳棋；"巨大的未知"

还没满24岁的阿达已结婚4年，刚生完第三个孩子拉尔夫后的第四个月，她便决定重新开始学习数学。她向老朋友查尔斯·巴贝奇寻求帮助，希望他能介绍一位数学老师。阿达戏称这位老师为"巨大的未知"，并形容自己的学习方法"非常特殊"。

在还没找到正规的老师之前，阿达就建议过将数学语言拓展到游戏之中。有这样的想法一点也不意外，因为她和巴贝奇都喜欢玩各式各样的数学游戏——从西洋双陆棋到国际象棋。于是，阿达开始用数学术语写了一个游戏的获胜攻略。此攻略早于布尔在1847年首次出版的《逻辑的数学分析》。该小册子连同布尔的另外一些作品一起，组成了现代计算机编程游戏的基础。

阿达的母亲、威廉以及某些夫人不停地批评阿达没有好好履行自己的社会责任，但阿达只坚持自己的观点。她和查尔斯·巴贝奇的关系则肯定不是以社会责任为基础建立的。我们很少看到阿达和巴贝奇在此之前的信件往来，但是从这个时期开始，阿达写给巴贝奇的信开始神奇般地将决断力和调侃性混合在一起。我超级喜欢这些信件，原因是它们读起来让人非常愉悦，而且还展现了两人之间的关系是如何启发阿达的。这些信件把她最好的一面展现给了我们，这其中就包括了她捍卫自己观点的能力。其中很多信件都包含了绝妙的风趣对话。

阿达在信里提到了巴贝奇的朋友福图纳托·普兰迪，后者是一名居住在英国的意大利激进派政治家。阿达还说到了爱格灵顿骑士比武大赛，那是1839年举行的一场有趣的赛事。爱格灵顿伯爵模仿古代的盛大情景，在爱格灵顿城堡举行了这一竞技赛，所有的参赛者都必须打扮成骑士的模样。巴贝奇的朋友西摩夫人（后成为萨默赛特公爵夫人）被选为绝色女皇。原本预算不超过2000英镑的比赛最终花了40000英镑。由于下雨，整个赛事简直是一场潮湿、混乱的灾难。

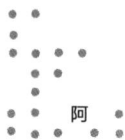

致查尔斯·巴贝奇

[亲爱的巴贝奇先生：]

[我已毅然]决定，明年就到伦敦去找人辅导我，可问题是合适的老师很难找。我的学习方法非常特别，所以应该只有特别的老师才能成功地指导我。

千万别认为我很自负，因为可以确定地说，我是最不愿意炫耀自己的人。但我相信，自己有能力追求到我想要的东西。尽管我的喜好已经非常清楚明确了，甚至可以说是一种对所追求事物的激情，但我怀疑，这其中是不是还需要有对等的天赋。无论如何，自己的喜好总要得到满足才行。我跟您说这些，是因为我觉得您正巧，或应该碰见了合适的人选，而且我相信无论如何，在您力所能及的情况下，您都会愿意帮助我的。

洛夫莱斯勋爵总是想起您，他让我祝您保重，并提醒您来奥卡姆做客。

您最真诚的奥古斯塔·阿达·洛夫莱斯

[1839年11月]

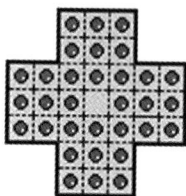

英国的单人跳棋板（1833年）

致查尔斯·巴贝奇

亲爱的巴贝奇先生：

您见过一个叫单人跳棋的游戏吗？它有点类似拼图。游戏里有一个八角板，类似一个封闭式图案，上面有37个小孔，它们的位置我都画出来了，然后37颗钉子对应37个小孔。首先把一颗钉子拔出来，接着剩下的钉子便可以跳过其他的钉子，被跳过的钉子则会被取下来。比如，如果位于中心位置的19号钉子被取出，那么6号钉子便可以跳过12号钉子进入19号孔，而12号钉子则会被取下来；或者21号钉子可以跳过20号钉子进入19号孔，然后20号钉子被取下来。这些钉子只能以直角路径来跳跃，不能以对角线的方式跳跃。这个游戏的最终要求是板上只能留一颗钉子。人们尝试过千百次也无法成功，经常剩3颗、4颗、5颗，甚至更多颗钉子，而且每一颗钉子旁边都没有其他可供它们借助来跳跃的钉子。

阿

达

：

数

字

女

王

我也尝试过，观察过，现在无论何时玩这个游戏都没问题，但我想知道的是，我们可不可以将这个游戏套用在数学公式里，用数学的方式来解决这个问题呢？我自己认为这是可行的，虽然我还做不到这一点。这里面一定存在一个确定的原理，就是那种带有数字和几何属性的复合体，有了它我们就能找到解决的方法，同时它也可以被嵌入符号语言之中。首先我认为，这个游戏的完成结果很大程度上要取决于第一个被拔出的钉子，而且我也倾向于认为，只有一颗钉子能决定游戏的成败。我不会说应该移除哪一颗。几乎每个玩具店应该都会卖这种游戏板。

为了方便引用，我在自己画的板子上给那些孔编了号码，实际的板子是没有编号的。

别忘了，我可是有"象棋策略"的人。

希望您能把我放在心上，当然我指的是我在数学方面的兴趣。您知道吗，这是别人能帮我的最大的忙了。也许我们谁也无法估量这个忙到底有多大。谁又能推测出它会带给我们什么呢？尤其是我们越过现状朝前看的前提下。

您知道吗，我骨子里就有一点儿哲学家的感觉，而且还很爱搞投机之事，所以当我展望一个不可估量的远景时，即使我看到我们所在的前景充满模糊和朦胧的不确定性，我也会幻想自己甄别出了一条耀眼的康庄大道，向未来前行，这样一来，我就不会在意眼前的模糊和朦胧了。我是不是有点儿想象力过剩？我自己觉得一点儿也不……

1840年2月16日

致查尔斯·巴贝奇

亲爱的巴贝奇先生：

……我们希望能邀请他下个星期六过来，您能一起来吗？如果那天不方便的话，17号，也就是下周二，怎么样？

我担心，即便现在举办了爱格灵顿骑士比武大赛，真正充满骑士精神的日子也早已过去，否则你不可能拒绝一位女士的恳求。

我们可能没有办法及时赶到您在21号举办的聚会了，也许我们要一两天后才能到达伦敦。

我现在正在读一本书，书中的解释很充分，也很清晰，让人兴趣盎然。这本书的作者是莫斯利，讲的是有关力学被应用在艺术领域的问题。您了解这个人吗？从这本书的文字判断，此人非比寻常。

如果我到伦敦之后还是找不到我想找的那个"巨大的未知"，我可能会利用这个季度的时间来学习德语。之前我学

过一点点，但一直都打算再多学一点。我觉得这可能会对我的目标产生间接的影响……

您最真诚的A. A. 洛夫莱斯

［1840年］3月14日星期六

奥卡姆

奥古斯都·德·摩根成为了阿达的老师。他是查尔斯·巴贝奇的朋友，却因为其夫人索菲娅·德·摩根的缘故而跟拜伦夫人的关系更近。他是公认的19世纪最伟大的逻辑学家，在伦敦大学执教。德·摩根会根据教材的内容给阿达布置任务，他们每两个星期见一次面，有些时候一个月只见一次。如果有电子邮件的话，肯定会更方便，因为她接受的指导主要依靠通信来完成。

奥古斯都·德·摩根

他们的数学通信充满了诗意的隐喻和暗示语言。德·摩根在谈代数函数的时候说，"它们全都是放荡不羁的东西"。这类隐喻是最适合阿达的特殊学习方式的。在今天看来，阿达的水平相当于只学了初等高中数学的课程，尽管有这样薄弱的背景，但她很快就学到了微积分。

以德·摩根和阿达的通信内容为基础进而推断阿达的数学专业知识水平，这是非常不合理的。德·摩根没有收取任何费用，所以阿达也不太会打扰他，除非是自己遇到了非常严重的问题。因此，这些信件只反映了阿达不能理解的东西，而不是她理解了的东西。用统计学术语来说，这些内容均属于样本偏差，不能完整呈现事件的全貌。德·摩根则知晓"事件的全貌"，也在后来对阿达的专业水平做了评估。

这些信件的重要性体现在，它们让我们了解了她学习所用的材料，以及她在学习中遇到的问题和难题。她的问题主要集中在基本原理上，比如她在1842年的一封信里写道："这个原理是什么意思？它是怎么得出来的？"

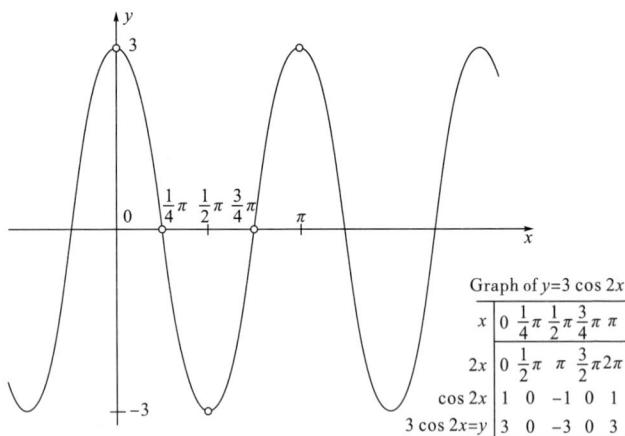

Graph of $y=3\cos 2x$

x	0	$\frac{1}{4}\pi$	$\frac{1}{2}\pi$	$\frac{3}{4}\pi$	π
$2x$	0	$\frac{1}{2}\pi$	π	$\frac{3}{2}\pi$	2π
$\cos 2x$	1	0	-1	0	1
$3\cos 2x=y$	3	0	-3	0	3

一个三角方程式图

阿达在最初与德·摩根的通信中曾发出埋怨，说自己需要同时学习多门学科：代数、三角学和微分学。我还把她所有的信件拿给现已故的加州大学伯克利分校数学系副主任史蒂芬·德利贝托博士看。他说阿达学习的内容处于当时数学领域的前沿。尽管诉苦不迭，阿达还是会不断地问问题，以搞清楚自己不明白的地方。

1840年夏，拜伦夫人前往法国探望表亲爱德华·诺埃尔。爱德华的妻子是阿达的儿时玩伴范妮·史密斯，夫妻两人刚刚喜获千金。他们长期住在希腊的埃维亚岛上，爱德华在那里担任拜伦夫人的土地代理人。岛上的土地很便宜，每英亩①才30先令，拜伦夫人投资了1000英镑购置那里的土地。此外，受训于德费伦贝格学校的爱德华还负责向当地居民讲解合作要点和农业技术。

拜伦夫人这次到法国主要是为了探望阿达的表妹，即居住在图尔的伊丽莎白·梅朵拉·利。梅朵拉是拜伦勋爵同父异母的姐姐奥古斯塔·利的女儿，她最近陷入了窘境。她到法国投奔姐姐乔治安娜（拜伦勋爵最喜欢的外甥女）和姐夫亨利·特雷凡尼昂。可是16岁的梅朵拉很快就怀上了姐夫的

---

① 1英亩约为4046.8564平方米。——译者注

孩子。被姐姐和姐夫抛弃后，她便向母亲求助。

拜伦夫人在1838年的信中写道自己感觉生活很无聊，现在知晓了梅朵拉的处境后，她找到了一件让自己感兴趣的事情。于是，她在经济上为梅朵拉提供了援助，到巴黎后，她也让梅朵拉陪陪她。拜伦夫人写信告诉阿达，她在帮梅朵拉渡过难关。母亲的这种崇高的行为给阿达留下了深刻的印象。因为梅朵拉是奥古斯塔的女儿，所以阿达与她见面的次数非常少。阿达也很关心梅朵拉，但是她还得忙自己的问题。

这段时间里，阿达过得十分快乐，她的信里也洋溢着热情与希望。她不仅继续骑马、溜冰，还常常与科学界的朋友往来。即便参与了那么多活动，她学习数学的进度也是急速向前迈进。母亲很担心阿达没有在认真地学习数学，阿达则回答说："微积分才最重要。" 她还兴致勃勃地想要练就一项专业技能。德·摩根则劝她应该先放慢脚步，于是阿达往后退了一步，继续对基本的数学假设或原理发出质疑。虽然她会跟德·摩根抱怨，说自己犯了不少错误，哀叹"浪费了时间"，但她还是意识到自己从错误当中学到了不少。

尽管阿达使尽全力教育三个孩子，但是带三个年龄都不到四岁的小孩可不是那么简单的事情。她不得不依赖威廉的妹妹赫斯特。拜伦夫人抱怨说这三个孩子缺乏管教，建议阿达向她的朋友巴维尔夫人讨教育儿妙招。听取了母亲的建议后，她写信给巴维尔夫人，结果却被狠狠地批评了一顿。巴维尔夫人觉得阿达对自己教育孩子的方式"守口如瓶"。

1885年，安娜贝拉（后来成为安娜·布伦特夫人）谈起自己住在圣詹姆斯广场的日子。她回忆说，当保姆以为他们睡着了而离开房间后，几个小孩就在床上玩起了障碍赛跑。她还想起自己当时总是饿肚子。如果拜伦在吃羊排，她便会盯着他，直到拜伦大发慈悲把羊排给她吃。不过她并没有因为这些吵闹的行为而内疚过。

阿达在写给巴维尔夫人的第二封信中阐明了自己偏爱的育儿方式。她的言辞清楚有力，在她看来，一切都在她的掌控之中。于是，阿达继续专注于数学的学习，并取得了很大的进步。自信心大增的阿达开始思考该怎样帮助查尔斯·巴贝奇。鉴于两人已许久未见，阿达便邀请巴贝奇来家里做客。最终，巴贝奇在1841年1月10日成行。

游戏是整合想象力与科学的绝佳方法，它不仅是一项娱乐活动，还能帮助我们学习。单人跳棋是一种棋盘类游戏，起源于印度，大约在1830年传至英国。

该游戏的英国版用的是尺寸最小的无缝板，但阿达在1840年使用的游戏板与书中所展示的版本不太一样。如今也有很多有关棋盘类游戏的攻略书延续了阿达的思考策略。

《稳操胜券》的第四卷也专门留了一章讲单人跳棋这个游戏。

锻炼诗意科学技能的最好方法就是研制你自己的游戏。你可以选择一个难题来操练，比如，教盲人学习一些基础的技能，或者设计一个简单的游戏，然后再发布到网上。

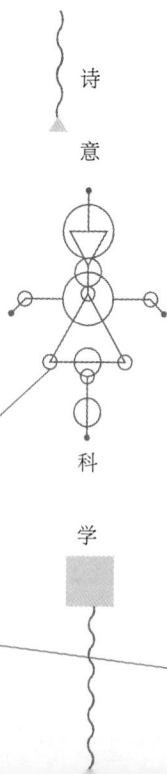

诗

意

科

学

1841

"假以时日，我将成为一名诗人"；科学研究的"三位一体"；"一段最奇怪、最可怕的历史"

阿达怀抱着对未来高度的期望开启了1841年。1841年1月5日，她写了一篇至少17页的文章，里面的内容从个人生活到日常实践，再到形而上学。

巴维尔夫人不断地批评阿达的育儿方式，而阿达则选择为孩子们辩护。与此同时，她还写信给查尔斯·巴贝奇，邀请他到家里来分享有关分析机的最新进展。自1834年首次跟阿达分享了他对分析机的展望后，他就埋头苦干，专注于分析机的设计和草案。巴贝奇认为英国人，尤其是英国政府，不会对分析机产生兴趣，然而阿达及其他几个人却觉得分析机很有意思。

1840年秋，巴贝奇受邀前往都灵，在一群意大利哲学家的面前介绍了分析机。他还准备好了案例来解释分析机的工作原理。如今，这种"迭代"被称为"程序"。听众中有一名工程兵对分析机非常感兴趣，他就是L. F. 梅纳布雷亚。他专心致志地听了巴贝奇的演讲，并查看了机器的图纸和样品"程序"。这次演讲大受欢迎，查理·阿尔贝特国王①还授予巴贝奇一枚金牌。

带着对这趟都灵之行满意的心情，巴贝奇乘坐邮车返回英国。多年后他在自传中生动地描述了那一天的情景。若将他在1834年跟阿达说过的话同下面这段描述对比，你会非常吃惊，因为他预见到了自己开辟的那条通往新发现的道路。

在巴贝奇和助手抵达安纳西之前，他们经过了一座以国王的名字命名的著名吊桥——查尔斯·阿尔贝特大桥。在离吊桥还有三分之一英里处时，巴贝奇从马车上跳下来，他让马夫驾车缓慢驶过大桥，在另一头等着他。峡谷深不见底，桥身的某些部分被掩盖在云雾之中：

这样的环境特别有利于我们的行程。马车穿过吊桥，似

---

① 撒丁岛亲王。——译者注

阿

达

：

数

字

女

王

090

乎像远离了我们似的，然后它刺入云雾之中，最终消失在我们的视线里。与此同时，我们还看到身侧的云雾逐渐散开，峡谷深处也展露在我们眼前，最后我们甚至还看到了一条蜿蜒的小溪，像一条银线盘旋在谷底。

太阳躲在一排排白云的后面，迸发出耀眼的光芒。温暖的阳光快速地驱散了浓雾，照亮了我们这一侧的漆黑峡谷，然后我们发现邮车在峡谷的对岸正等着我们，好把我们送到目的地。

阿达不仅对科学发现的过程非常感兴趣，科学发现的结果也同样让她着迷。对拜伦夫人和许多人而言，科学曾经是，现在依旧是"事实"，或者是基于观察与实验所得的数字、数量技能和分析。但对阿达来说，科学远不止这些，因为它涉及将数学技能与我们今天所谓的想象力、隐喻等模拟技能相整合的部分。她是拜伦勋爵与拜伦夫人的结晶：想象力对她理解科学来说至关重要。浪漫的诗人们早就讨论过想象力在诗歌创作中的作用，阿达则在思考想象力与科学及科学发现过程之间存在的关系。

阿达父亲的密友雪莱在《诗辩》中说道，"具有想象力的语言能突显人类尚未领会的事物关系"。柯勒律治对玄学派诗歌的看法是，这样的诗歌明白易懂而且具有神秘感或想象力。在1月5日所写的文章里，阿达用了一些人们常说的关于想象力的言辞来定义数学语言，结果她又折回到想象力这个话题本身，并强调这两者即使并非完全一致，也是彼此必需的搭档。阿达将想象力和科学这两个对立面放在一起，并看到了二者间的必然联系，正如她父亲所说："我站在威尼斯的叹息桥上，一边是宫殿，一边是牢房……"

霍姆斯曾这样评价柯勒律治，"……沉迷于所有与诗意的奇迹或形而上学特性有关的东西"，阿达在巴贝奇的设计中也看到了科学的奇迹和形而上学的思辨产生的可能性。一旦阿达找到了这样的方法，就没有人能阻止她。

致查尔斯·巴贝奇

亲爱的巴贝奇先生：

您让我进退两难，因为我本该自然地说——请在本周五来我家，然后过段时间再来玩。

如果您本周过来的话，就只有我们俩在家；您若迟些时候来，比如15日左右，那家里可能就会有别的客人。不管您什么时候过来，我们都非常开心。如果只有您一位客人的话，我就能独享跟您交流的乐趣了；如果您和其他客人一起的话，您会让其他客人感到十分愉悦，所以我也很难抉择。我只能说，希望能够经常见到您。

……

期待您能过来，然后同您谈谈我自己最近在做的事情。今天，我花了不少的时间在数学上，而且今天的天气也不太适合外出，所以我就情绪高昂地在室内做做消遣活动。

我必须给您看我的一本书，名叫《数学集锦册》……

不过，您若到我家来，请不要只待短短的三个晚上。那会很遗憾的！

总有一天，您会让我掌握有关您的机器的重要知识点的。我真的非常想知道这些东西。

您最真诚的A. A. 洛夫莱斯

［1841年］1月5日星期二

奥卡姆

在巴贝奇来之前的星期二，她认真地思考了到底什么是科学发现，然后得出了一个结论，那就是科学发现是想象力和科学的结合。她如此写道：

"在很大程度上，想象力属于一种探索的能力。它贯穿在我们周围看不见的世界之中，即科学的世界。它能够感受和发现我们看不到、感受不到的真实。那些已经学会了在未知世界的临界点行走的人，运用被大家常称为'精密科学'的方法，展开洁白的想象力翅膀，希望在我们生活的，未曾探索过的世界里进一步翱翔。数学科学展示了这份真实。它是事物间不可见关系的语言。但要想使用或应用这门语言，我们必须有足够的能力去欣赏、感受、理解那些未知的和潜意识里的事物。想象力也能展示真实，但这种真实超脱于感官之外。因此，如果有人想要深入我们身边的世界，那他或她尤其应该接受真正的科学的培养。"

1月10日，阿达给德·摩根寄了一封长达14页的信（未包含在本书内），里面主要是关于微分方程的内容。她在信中最后说道："看到自己能很好地坚持学习，越来越努力，注意力也越来越集中，我觉得很开心。完全沉浸在学习里面时，我感到了前所未有的快乐。学习让我觉得非常兴奋，同时也激起了我的好奇心，令我感到很满足。"

阿达在回复给母亲的信里说，她度过了一个"数学周"。这一周里，她将数学与有了长足发展的想象力加以结合。她推测说，虽然听起来有点儿奇怪，"但假以时日，我将成为一名诗人"。

阿达的母亲也埋怨过阿达教育孩子的方法不当。阿达在回信中为自己辩护，并称老么拉尔夫为"恼人的悍妇"。阿达未来的女婿威尔弗里德·斯科恩·布伦特多年后应该会喜欢阿达对拉尔夫的评价。威尔弗里德的日记在其逝世50年后才公之于众，结合这本日记和我查到的威尔弗里德的私人信件，我发现他对拉尔夫的评价与阿达的评价如出一辙。在日记中，布伦特写道，应该把拉尔夫放进洗衣袋，丢到泰晤士河里，因为他在其个人出版的家庭信件回忆录《阿斯塔蒂》中抖出了家丑。

阿达同格雷格倾述了自己对未来怀抱的巨大的激情，而非常了解阿达性格的格雷格则提醒她放慢脚步，要像登山者一样一步一个脚印。阿达将格雷格对自己的批评复述给了德·摩根听，并表示她会让自己这颗充满形而上学思想的头脑保持冷静。

此外，阿达还向母亲解释了自己为何要在培养数学技能的同时也不忘加强对想象力的训练。她写道，"想象力的获取绝对不只是为了我自己的荣耀，此乃最次要的问题，这么做真正的目的是为了造福人类。"后来，阿达还把这个观点分享给了巴贝奇。不过那段时间，她工作的重心是让巴贝奇来家里做客。

致查尔斯·巴贝奇

亲爱的巴贝奇先生：

如果您将在周五搭乘火车过来的话，我们会派一辆马车在韦布里奇接您。有趟4点钟从伦敦出发的火车会在差几分钟到5点的时候抵达韦布里奇。

马车可能是敞篷的，所以请务必带上保暖的外套或斗篷。

如果您会溜冰的话，记得带上冰鞋，现在奥卡姆很流行这项活动，我个人也很喜欢。

我已经迫不及待地想要跟您聊聊天了。给您一点儿小提示：我突然觉得，未来的某一天（可能在三四年之内，也可能在多年之后），您的一些论题和计划可能会需要用到我的一些想法。假设如此，只要我值得或能够被您需要，我将把自己的想法毫不保留地说给您听。这也是我要跟您正儿八经说的一点。您一直都是我最宝贵的朋友，亲切且真实。不管以何种方式我都希望能回报您。但我很少敢如此拔高自己，不管有多谦卑，这么做还是希望能为您提供知识上面的帮助。

您最真诚的A.A.洛夫莱斯

［1841年］1月12日星期二

奥卡姆

附言：请务必来我家住几天，别再拒绝我了。

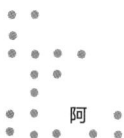

巴贝奇拜访完阿达之后，阿达觉得人生充满了干劲。在下面这封信里，阿达详细地介绍了自己将来想要前行的方向。格雷格一如既往地给予她鼓励。

致沃伦佐·格雷格

亲爱的格雷格先生：

很开心能在昨天早上收到您的来信，同时也万分欣喜地期待您接下来的来信。我有很多话题想跟您谈谈，却一直没时间说说，这让我非常困惑。我已经很刻苦地学了10天的数学，目前正在攻克德·摩根先生让我学习和作答的材料。我现在的学习效果非常好，但是您知道，这只是一个开始……要我说的话，我现在就是把它当成了自己的一份职业来做……

你说的对，我的确应该做点什么，比如写写文章。不过现在还不行。很可惜，我没有早点动手做。您认为我有这个能力，这一点儿都没错。不过我非常了解我自己，无论我现在拥有什么样的能力，我都会让它在我40岁的时候增长10倍。因此，我的人生格言就是——等待加努力！

我必须向您坦诚（因为您不会把我的想法归为一种空洞且徒劳无功的，带有自我满足感的自负），现在，我脑子里出现了一个强烈至极的念头，那就是上天分派给我一些特殊的智力和道德的使命让我完成……这些使命为少数人专有，它们的目的是为了让世人更好地了解上帝的律法和荣光，那些诚心诚意完成了使命的人将备受神宠。这些人完成使命不为自我的荣誉和吹捧，而是为了迄今为止在现世还极少人知的主之荣光，以及对那些最大的福气是（虽然他们可能不喜欢这个说法）知晓上帝越趋完美的人的爱！

现在，我将真诚对待（尽我最大的能力）这一可能的使命，直到生命最后的一丝脉搏将连接精神与肉体的自然律法断开……

那么根据上面的内容，您也应该看到了，我将会制订一个宏大的计划！详细到每年、每月、每周，更加明确，不再含糊不清了。随着计划越来越清晰，我的决心也越来越坚定，意志也越来越强。

我现在比任何时候都要更幸福快乐。在此之前，我从未感觉到幸福，哪怕是普通的尘世层面上的幸福也没有，直到最近……这封信竟然写了那么长！请永远相信我。

您最真诚的A. A. L

［1841年1月15日］星期五

奥卡姆

　　德·摩根写给阿达的信件中用了许多数学隐喻。他在谈到代数方程式时说，在安顿下来之前，它们只会"放荡享受"。阿达采纳了这种方法，并写道："我经常会想到书里读到的某些精灵和仙女，即使在离你很近的地方，她们看起来也那么相似，但等到下一分钟她们则变得完全不一样了。有时极具欺骗性、挑逗性和令人苦恼的当属数学界的精灵和仙女，就跟小说世界里的形象一样让人捉摸不透。"尽管阿达谈到了想象力的问题，她却从未因为理解了某些东西而满足，"除非她弄清楚了某个有争议的事情首先是如何被想到的，其次是如何发生的。思考基本原理和假设是她理解事物的关键"。

　　阿达分析了自己独特的科学研究技巧，并将其转换成"科学研究的三位一体"。不管是在当时还是在今天，她的方法对许多人而言都极其异端。这种方法可以让阿达毫不费力地在想象力（她称之为直觉）、理性及以专注于某个问题并努力研究的途径整合这些技能的独特才能之间穿梭。她的目标是"用我自己的脚步，为人类留下一点从远方摘取的光亮"。

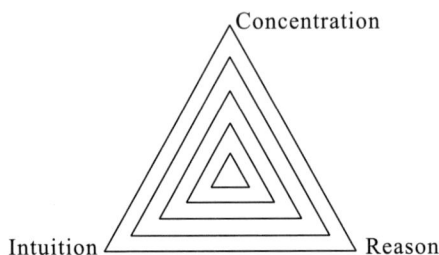

科学研究的三位一休

致查尔斯·巴贝奇

亲爱的巴贝奇先生：

与您见面之后，我一直都在努力地学习，目前来说进展得还算顺利。我现在正在集中学习有限差分……我对这方面的内容特别感兴趣，因为这跟您正在做的事情有直接的关联。总之，如我们期望的那样，我学得还算顺利。

对未来的计划，我觉得自己比以往更加坚定了，而且我已经下定决心，不能让任何事情阻碍我的计划。我打算到伦敦再做这样的安排，因为这样我就能保证每天花几个小时（除了极少的例外情况）来学习。

我想了很多未来我们之间可能（我觉得我应该说极有可能）会产生的联系，这也是我越来越喜欢想的一件让人期待的事情。我认为我们的结果将是一片光明。我猜测，这个想法（顺便说一下，这个想法我一直都有，只是比较模糊，还不完善）属于人类的快乐本性之一，有时它会莫名其妙地碰巧出现在某个人身上。至少，在我看来，以后的结果最终会证明我所说的一切。相信我。

您最真诚的A.阿达·洛夫莱斯

［1841年］2月22日星期一

奥卡姆庭院

她如此专注于自己的工作，并发现自己这一生中从未如此快乐过。她写信给母亲，同她分享了自己伟大的科学梦想，谈论了最新的科学成果。她的信中闪烁着幽默的言辞。然而，就像那些自信十足的人昂首挺胸走在路上时不免会遇到意想不到的重要分岔点。拜伦夫人觉得，是时候让阿达认识到所谓的"事实"了。拜伦夫人向阿达透露，拜伦勋爵不仅同他的姐姐发生了乱伦的关系，就连梅朵拉也不是阿达的表妹，而是她同父异母的妹妹。这封包含了惊人事件的信大概写于2月25日，给阿达造成了"9·11"事件一样的影响。这封信可能已被烧毁。阿达写信给丈夫称，这一点也不奇怪，因为她早就觉得"这是一段最奇怪、最可怕的历史！"

她尽量继续专注于数学的学习，但她写信的主题至此开始围绕"梅朵拉情节剧"展开。

关于想象力推动科学发现的案例有很多。

在一些科学发现中，你能想出哪些具有想象力的解释是以直觉为基础，由严密的理性推理和分析为推动力的吗？

在你的生活中，有没有遇到过依赖直觉取得成功的情况呢？还是说直觉让你得出了错误的结论？

阿达因为一件情感事件而将注意力从科学研究上转移开。鉴于阿达对科学的态度，你觉得她会怎样应对母亲向她揭露的"事实"？

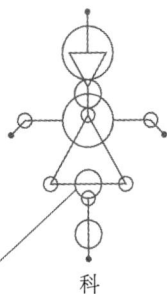

1841

第十章

"我有义务去做"；"凤凰涅槃"；
"鬼火"

阿达的母亲在信里无疑指控了拜伦勋爵所犯下的两件事——一是与其同父异母的姐姐奥古斯塔·利的乱伦关系，二是生下了伊丽莎白·梅朵拉。不管真假与否，拜伦夫人成功地将人们的注意力转移到了拜伦勋爵的"堕落"名号上，即便到了现在，人们还是会带着某种色彩看待拜伦。每次我一跟别人说我在写这本书时，他们问我的第一个问题一般都是："拜伦勋爵真的与自己的姐姐奥古斯塔（真的是他同父异母的姐姐）乱伦过吗？他是（伊丽莎白）梅朵拉的父亲吗？"这些东西我们无从得知。拜伦除了写信嘲笑过墨尔本夫人以外，没有透露任何消息表明梅朵拉就是他的女儿。当他给奥古斯塔的孩子们寄礼物的时候，他从来没有特别指定一定要给梅朵拉。相反，他确实想要私生子阿莱格拉[①]的监护权，还专门给阿达准备过礼物。如果他是梅朵拉的父亲，却不专门给她准备礼物，那这件事就太让人怀疑了。

拜伦夫人透露这个丑闻的时间点也不禁让人怀疑。她极有可能在嫁给拜伦勋爵之前便听过在贵族间到处传的拜伦乱伦的谣言。然而，在阿达出生前一个月，无法控制拜伦恶劣行为的她却请求奥古斯塔去伦敦帮忙。如果她确确实实怀疑拜伦与奥古斯塔之间的关系，那请奥古斯塔去家里帮忙这件事对她而言就完全无法说通。

在拜伦夫人决定分居后的几个月，她用回忆或重组过的记忆作为证据，得出拜伦勋爵乱伦的结论。她挑选了一些合适的证据来支撑自己的观点，那些不合适的证据则被视为无关紧要。拜伦夫人很愿意相信卡洛琳·兰姆[②]对拜伦勋爵的指控，即他与自己同父异母的姐姐发生过乱伦的关系。就像计

① 拜伦与克莱尔·克莱蒙所生，但于1822年去世，年仅5岁。——译者注
② 即威廉·兰姆的妻子，同时她也是一名小说家。1805年，她与威廉·兰姆结婚。1812年，她与拜伦相恋，这件事在当时的英国闹得满城风雨。——译者注

算机和爱用分类方法思考的人一样，拜伦夫人没有办法处理那些无法分类的信息。她的目的就是要分居，只要能分居，什么样的理由她都可以合法化。

1841年，也就是拜伦夫人写这些信的时候，阿达的生活完全是如鱼得水。她知道阿达会去巴黎待六个星期，但是在隐瞒了25年之后，她再也忍不住了——她要把拜伦乱伦这个"惊天大秘密"悄悄地告诉女儿。拜伦夫人的动机似乎是为了站上历史舞台的中央，被人们关注。不管出于什么样的动机，她成功地将阿达的注意力从其他活动上转移开，正如当初她将世人的关注点从拜伦的诗歌成就上转移开来，进而转向关注他的弱点以及他与同父异母的姐姐之间的关系一样。

虽然阿达没有向任何人（除了威廉）提起过母亲揭露的"真相"，但这件事影响了她在那段时间的所有通信。拜伦的女儿这个身份对自己到底意味着什么？阿达对此做了新的思考。她将如何看待父亲"那用错地方的天赋"和他的"堕落品性"，以及母亲的无辜？她认为自己的性格更为豁达，而且还觉得自己有"预见的能力以及某种'希望的原则'"。就在阿达审视自己的过去和家族传统时，她还将从父母两方分别继承的性格特点加以转换和整合，并开始设定自己的命运。起初，她一直忙于参加各种活动，甚至还让巴贝奇帮她办一场慈善音乐会。到了4月上旬,阿达奔赴巴黎拜访母亲。威廉本该与她同行,却因为患了流感而耽误了行程。

此时阿达在小心翼翼地质疑这个指控,她问母亲为何她能如此确定这段乱伦关系,尤其是当时奥古斯塔已经结婚了。母亲为什么会有这么可怕的猜疑?虽然此时她接受母亲的指控,即梅朵拉是拜伦的女儿,威廉却没有相信。多年后,在阿达和拜伦夫人去世后,威廉声明,他从来都不相信梅朵拉是拜伦勋爵的女儿。不过,此时的威廉是一位非常孝顺的女婿,不可能在拜伦夫人面前说这些话。

阿达在信中写道,她将试着弥补父亲那用错地方的天赋。接着她改变了话题,开始讨论拉马克博士的进化理论。拉马克博士提出的进化理论与巴贝奇的朋友查尔斯·达尔文的理论有很大的不同,而后者此时正忙于撰写《物种起源》。

此外,她还质疑了另外一个理论,即"麦斯默催眠术"。催眠师埃利奥特森拓展了F. A. 麦斯默(1733—1815)的理论,后者使用"动物催眠术"①来引发某种催眠效果。埃

---

① "动物催眠术"是"麦斯默催眠术"的另一个名称。麦斯默认为生物体内存在一种不可见的自然力,这种力会对生物的身体产生一些效应。——译者注

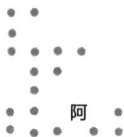

阿

达

：

数

字

女

王

利奥特森还成立了伦敦颅相学会，并在1844年发行了学会期刊。这本期刊一共发行了13期。

1841年春，在阿达动身前往巴黎前，她铆足了劲儿地学有关微分学的知识。她称微分学的学习为"活动之王"，远超每晚看歌剧、每天学几个小时的竖琴和骑马等其他活动。此外，她还在巴贝奇的帮助下，为一位年轻的音乐家办了一场慈善音乐会。

致查尔斯·巴贝奇

……一个名叫约翰·托马斯的威尔士男孩非常有竖琴表演的天赋，而且音乐才能也很杰出。9月份的时候，他在洛夫莱斯夫人及其朋友的帮助下，被安排进了皇家艺术学院。他们通过大量的私人捐款让那个男孩能在学校学习一年。他的父母都是底层阶级，除了能给他提供点衣物外不可能再资助他什么了。若能让他接受点教育，对他而言，这必将终生受用。他本该至少在学校学三年，所以在三月初，为了帮他筹款，八位夫人将在歌剧院的演奏室为他举办一场公共音乐会……

[1841年2月或3月]

致查尔斯·巴贝奇

亲爱的巴贝奇先生：

明天早上我就将乘坐布洛涅号轮船出发。在您收到这封信之前，我早就离开英国了。这里一切都很顺利，洛夫莱斯勋爵恢复得非常快。我离开后，他的妹妹们会负责照料他，希望他很快就能跟上我。

音乐会终于定下来了，时间是在5月12日星期三，地点在贝尔格雷夫广场8号的大卫·巴克雷夫人的家里。

1841年4月5日星期一晚

圣詹姆斯广场

她在旺多姆广场上的一家酒店里写了一封信给威廉。她在信中表示，自己不想被拜伦夫人所讲的事情击垮，于是她听从了巴贝奇的建议，前去拜访他的朋友，当地天文台台长阿拉戈。她脑袋里还装着一些生活小事，比如她写道，她需要发型师伊萨多给自己带一个梳子。

拜伦夫人与梅朵拉之间的奇怪关系乃拜伦夫人与拜伦勋爵签订的婚前协议的产物。拜伦勋爵留给奥古斯塔的部分资产要到拜伦夫人去世后才可能解冻。奥古斯塔无法直接拿到钱，但是她想帮助梅朵拉渡过难关，于是她为梅朵拉的私生女玛丽开设了一个3000英镑的信托基金账户。这笔钱八成是来源于由拜伦夫人管理的资金。我自己的理解是，梅朵拉试图拿到拜伦勋爵签订的契约，因为这份契约可以从法律上认可该信托基金的合法性，这样她就能用契约来借钱了。

5月份回到伦敦后，阿达满载希望地认为自己终于又可以继续之前的所有活动了。她还鼓励威廉参政。威廉的一些朋友认为，即使当了萨里郡的郡长，威廉也没有发挥出自己的政治潜力。阿达又开始参加各种社交活动并继续数学的学习，但同时她的身体也出现了问题。我就不去推测阿达此时到底患上了什么病。有些传记作者做了推测，不过太过离谱。加州大学旧金山分校和耶鲁大学的医师看过这些信件后表示，根本就不可能在不接触患者本人的情况下确诊其疾病，更何况19世纪的病人对疾病的描述与如今完全不一样。不管她得了什么病，她在信中第一次提到了用"鸦片酊"——这是一种当时用于治疗多种疾病的鸦片衍生物。

她在6月的信中提到，自己是在遇到詹姆斯·菲利普斯·凯博士后才开始使用鸦片酊的。詹姆斯·菲利普斯·凯不仅是一位医师，还是一名教育改革家。他被誉为英国教育体制的制定者，并因此被授予了爵士称号。他的心完全被阿达俘获。阿达告诉威廉，凯医生给她吃鸦片酊是因为"她犹如一只生了病的小鸟"。或许她将成为一只"浴火凤凰,涅槃重生"。8月,洛夫莱斯一家离开伦敦前往萨默赛特的阿什利科姆,此时她的病情也大幅好转。去阿什利科姆时,阿达还随身带着一些数学论文,也恢复了与德·摩根的信件来往。

致查尔斯·巴贝奇

亲爱的巴贝奇先生:

您说您要在周四去看意大利歌剧,还选了正厅的前座。金小姐、凯博士和我也打算去看歌剧。我想坐第四排。如果您愿意的话,能否将那两个具有德式风格的座位让给您的朋友们呢?就当款待他们了。

您现在都不来看我,也不怎么关注我了。您瞧,我都变得越来越暴躁了。

上周四没见到您,是因为突然出现了一些关于麦斯默催眠术的事情,处理这件事对我来说很重要。方便的话,我会让您知道的。但本周四,请您务必在此用餐。我执意要求您做到这一点。还有,请别忘了我,因为我感觉您有点儿苗头了。

您最诚挚的A. 阿达·洛夫莱斯

[日期不明] 星期二晚

圣詹姆斯广场10号

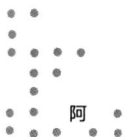

　　阿达埋怨去巴黎这趟让自己分了心，打断了学习的进度，于是她下定决心，重启数学的学习。她担心自己会占用德·摩根太多的时间，而且通过信件来学习数学收效甚微，这让她感觉很沮丧，所以她认为若能当面同德·摩根交流，学习的成效会更好。

　　在一些书信中，阿达提出了"四维"几何的假设。当今有几本人气很高的著作就讨论了这个主题：鲁迪·拉克的《第四维度》、史蒂芬·霍金的《时间简史》和菲利普·戴维斯的《笛卡尔之梦》。除此之外，阿达还提到了"伯努利数"。她后来还建议巴贝奇让她在介绍分析机的时候采用伯努利数。德·摩根担任过保险行业的顾问，评估风险时他就运用了伯努利数，还赚了不少钱。

　　阿达与奥古斯都·德·摩根被保留下来的信件大部分都零零散散、歪歪斜斜，也未注明日期。即便标注了日期，大部分也都不准确。举个例子，阿达分别在7月6日星期日和7月6日星期一给德·摩根写过信，但是根据内容判断，这两封信都写于1841年。

　　阿达写给德·摩根的信件里一直有一个主题会经常出现，那就是她担心自己会白白占用德·摩根的时间。于是她会给德·摩根寄一些雏鸡肉，并询问他是否有意来家里做客。与德·摩根的信件往来以及同他进行的激烈的数学讨论促使阿达对很多问题做了大胆的推测。她的大部分推测——把几何学朝更多的维度上推进，到对函数性质的描述——在今天都得到了验证。

在1841年11月这一个月内，阿达几乎每天都在跟德·摩根通信。她狂热地学习数学，"沉溺于微积分之中"。阿达也有可能给凯博士写了许多激昂的信，但两人之间的通信没能保存下来。他在阿达去世后曾写信给拜伦夫人："有幸能与令千金结下深厚的友谊，让我这段人生也充满了惊奇。我认为像这样的友谊，就是她向我'示好'，在我结婚后就不能再如此外露了。"

无论他们确切的关系是什么，我们只能根据暗示来推断。不过迹象还是有的。10月21日，凯博士写信给阿达说："我自己想了一番，私下为你取了一个新名字。是你的任性、美丽和不可捉摸给我的灵感。你总是让我琢磨不透，却又乐于把我带进沼泽，而我就在一旁凝视着你，带着既钦佩又惊愕的心情，还有一丝恐惧，不过总体透着善意。从今往后，我应该称你为一团'鬼火'——像一道令人产生错觉的美丽微光，在每个危险陷阱的上方，任性地闪烁着。"

10月27日，阿达决定前往伦敦。她写了封信跟母亲说了一下拜伦的情况，然后又回到了波洛克的阿什利科姆。让阿达难以理解的是，究竟要以何种方式绘制波形函数方程图，以及如何以逐点的方式绘制这样的图形。

拜伦勋爵在形容情感关系时会用"平行四边形公主"、"她的想法跟乱七八糟的东西差不多"[1]这样的数学语言。阿达则用形容情感的词语描述数学。阿达在1841年11月27日写的一封信里用了凯给她起的昵称"鬼火"（凯还把"Wisp"错拼成了"Whisp"）[2]来描述函数方程式。这一做法不仅表现出阿达内心的沮丧，也说明了她对函数方程式的理解。

通过对现代数学、科学和经济学术语的运用，阿达在数学术语的描述上了烙下了独具个人特色的印记，这与裁缝在布料上缝制图案很相似。接着，阿达还用"有形性"这个词来强调"鬼火"的隐喻。

她写道："不知道从何时起自己就被这些东西深深地迷住了，而且很羞愧地说，我在这件事上白白浪费了很多时

---

[1] 拜伦的比喻用法。原文用了"square"，表面指"方形"或"使成直角"，这里指将自己的想法扭成某种直角，或使某两种思想一致。——译者注

[2] 鬼火的英文为"Will-o'-the Wisp"，詹姆斯·菲利普斯·凯则把"wisp"写成了"whisp"。——译者注

间。这些函数方程式对我来说简直就是一团鬼火。每次感觉自己终于掌握了一些有形或实质的东西时，它都会不断地往后退步，直至消失在稀薄的空气中……"

阿达在关于"有形性"的隐喻中感到的"坍缩感"暗示了现代物理学中数学隐喻的问题。这是一个进退两难的困境，也就是说由于观察的缘故，我们很难对连续变化且有因果关系（在不同的时间、在特定的两个点上测量）、间歇变化且不规则的波函数进行测量。这种在观察中遇到的难题被称为"波函数坍缩"。

在我读过的所有书里，我觉得最重要的一本书当属乔治·莱考夫[1]的《我们赖以生存的隐喻》。在最近的一次讲

---

① 乔治·莱考夫（1941— ），著名语言学家、哲学家，认知语言学的创始人之一，代表作有《我们赖以生存的隐喻》、《别想那只大象》等。——译者注

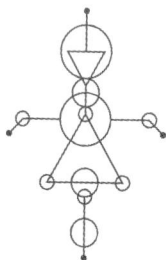

诗

意

科

学

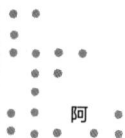

阿

达

：

数

字

女

王

座中，莱考夫提到了那些我们赖以生存的思维框架，或思维模式。框架死板的人很容易被预测，而且对于那些扰乱思维模式的迹象，他们也无法立马就识别出来。要想在数学和生活中高效地使用诗意科学，你必须检查你所使用的隐喻是否准确。

德·摩根和阿达在通信时用来描述数学问题的隐喻总是能直指问题的核心。

请用隐喻来描述以下的科技发明：

计算机

移动手机

社交网络

搜索引擎

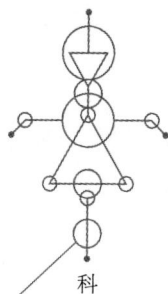

诗
意

科
学

1842

"鄙视和愤怒"；诗歌的天赋；"不会扔掉数学这条线的"；一大群朋友

1841年的最后一个月里，阿达似乎暂时中断了数学的学习，因为在这个月内她与德·摩根的通信基本为零。同时，阿达再次疾病缠身。虽埋怨雾霾让自己痛苦不堪，她却依旧去剧院观看麦克雷迪主演的《威尼斯商人》。她也开始上声乐课了，对此，她向丈夫解释说，等技艺变高超后自己就可以为朋友们办一场小型音乐会了。鉴于此时阿达的情绪状态，这无疑是一个宣泄"鄙视和愤怒"的好方法。她甚至把自己的注意力转向诗歌。不过最终她得出结论，还是戏剧和音乐更适合发泄自己的精力和发挥自己的才智。阿达此时参加的活动和培养的兴趣引起了家人强烈的反对，不管是丈夫还是母亲都不赞同她的做法。威廉给阿达写了许多信，信中他劝阿达不要丢弃对数学和科学的兴趣。威廉越是评判阿达的兴趣，阿达越要为自己的立场辩护。

阿达写的许多信都未标明日期，从不连贯的语言风格上看，有些信件的时间顺序似乎先后不一致。当时的阿达本来就如一个矛盾体：她的性格常常在如母亲般实际与如父亲般狂野之间摇摆不定。在1842年，她的这种矛盾性格尤为突显，因为当时她想建立一个既能满足自己的智力需求又能满足情感需要的未来。

阿达也会批评威廉。她曾嘲笑过威廉的字体，说他不用担心佣人会不会偷看他的信件。她在信中写道："我很欣赏你的字体，很漂亮，可我压根儿没法读。"她更会责备威廉，批评他带孩子的方式，并建议他不要只在教室里教拜伦读书，应该"带他出去走走……多跟拜伦说说他身边的事物"。阿达给威廉写了许多情感充沛的信，看完信后威廉决定不再迁就她，因为阿达希望投身音乐和文学，而威廉对此表示怀疑。于是，他给阿达讲了一个故事，内容是一只小鸟不停地啄一个希腊花瓶上的图案，因为它以为画上的东西是真的。阿达就跟故事里的小鸟一样，完全被蒙在鼓里。

信中威廉还与阿达谈了谈拜伦夫人的近况，这让阿达十分不悦，不过她又缓缓地接着说，"母亲在做自己该做的事"。然而此时，阿达对丈夫和母亲的态度均发生了变化，她很难摆脱两者中的任何一人，因为他们两人形成了一股协同的势力。这段时间还有一件事让阿达痛苦不堪，那就是拜伦夫人一直都在拿梅朵拉的事情烦阿达，她甚至让梅朵拉住在离奥卡姆不远的一个地方。

这场家庭闹剧还是有让阿达感到些许安慰的地方——威廉的妹妹赫斯特坚定地支持阿达。之后在19世纪80年代，安妮·布伦特（安娜贝拉）常常回忆起赫斯特姑妈是如何给自己的童年带来了欢乐的。赫斯特经常帮阿达照看孩子，但当赫斯特与乔治·克劳福德订婚后，阿达顿感悲喜交加。她猜测自己同赫斯特的亲密关系会由此淡化，不过巴贝奇的分析机和自己编写的注释仍旧是她关注的重点。她一直都念念不忘巴贝奇，只要有机会她就写信给巴贝奇。

致查尔斯·巴贝奇

亲爱的巴贝奇先生：

您可不可以帮我一个忙，把您的计算机器给我的一位老朋友瞧瞧。他从印度回来休假，现在马上又要回去了。我的这位老朋友名叫亨利·西登斯，是西登斯太太的孙子，巴特

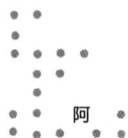

勒太太和阿德莱德·肯布尔①的大表哥。

他非常想看看您那台已完成了小部分的旧机器。他之所以有这个想法是因为他研读了您的作品《布里奇沃特神论第九篇》。他会在本周的某个上午，在您能确定的时间内，请假来拜访您。

［1842年］5月2日星期一

圣詹姆斯广场

能有许多令人钦佩的男性朋友让阿达感到十分开心，他们其中的一些人跟阿达同岁，但更多的是像查尔斯·巴贝奇和大卫·布儒斯特爵士这样比她岁数大的人。1842年2月，阿达起身前往剑桥拜访詹姆斯·菲利普斯·凯——由于婚姻的缘故，他的姓氏之后正式改为凯-沙特尔沃思。阿达在给威廉的回信中写道："如果能让这样一群很棒的朋友同我住在一起该有多好啊！我希望有F·奈特、洛可克医生、加姆伦以及凯-沙特尔沃思。或许你可以算作第五个，但我不清楚一只'老乌鸦'对我到底有何用。你瞧瞧，这只'小鸟'今天似

---

① 阿德莱德·肯布尔（1815—1879），维多利亚时代的著名歌剧演员，出生于演员世家。——译者注

乎有点儿粗鲁无礼！不过，她是一只乖乖鸟。"[1]

1842年的整个夏天，阿达一直在为"巴黎事件"心烦意乱，或者说得更具体一些，即伊丽莎白·梅朵拉·利的事情。对阿达而言，梅朵拉不断地让她想起父亲所犯下的堕落罪行。在巴黎时，阿达尽量帮助梅朵拉，还给她雇了一个当地的女佣娜塔莉·博雷佩尔，费用由拜伦夫人承担。娜塔莉跟拜伦夫人讲了许多有关梅朵拉的事情，比如她的行为习惯和爱参加的活动。娜塔莉慢慢发现梅朵拉不是一位"有教养的淑女"。梅朵拉即将动身前往法国，在这之前，阿达曾提出过解决梅朵拉问题的建议。现在，她是拜伦夫人的代言人，向梅朵拉发出自己的声音；不久后，她将成为巴贝奇的代言人，向科学界发出自己的声音。不过，梅朵拉不可能全盘接受阿达的建议，巴贝奇对阿达的建议也有不同的看法。

不知何故，阿达的行事风格变得更为脚踏实地了。她这次给威廉写的信让威廉很开心。信中她说，德·摩根恢复了同她的通信，自己又继续数学的学习了。阿达似乎是在1842年的秋天继续学习数学。从她的信件中我们可以发现，她的学习方

---

[1]　阿达用鸟类来指代威廉和自己。具体的指称可翻看第六章。——译者注

法十分独特，八成原因是因为她会对基本的假设提出质疑。德·摩根是最了解她学习能力的人，他曾明确地表示，"从初学者（无论男女）的角度来看，阿达的思维能力的确让人觉得非比寻常，这一点从我与她开始通信时就发现了。萨默维尔夫人的思维方式只是将她领入了数学理论的细节领域——洛夫莱斯夫人自己则将走上另一条不同的道路"。

此时，阿达也陷入困境。她常常质疑自己是否搞清楚了"推论的主体，还会检查那些在语言或符号上代表某个事物或想法的用词，对每一个用词，她都会问'它有何含义？它是如何被推导出来的？'这样的问题。这个是我能确定的吗？主体将每一个例子都涵盖了吗？"她在给沃伦佐·格雷格的信中说道，自己的脑海中一直存有许多宏伟的目标。

致沃伦佐·格雷格

亲爱的格雷格：

……我们将直接回萨里了……我个人认为还是有必要向您做进一步的解释。此时此刻，我只能说，有两件事自己是非常擅长的：一件是精神方面的事情，另一件是执行和行动力方面的事情。

拿我爱好的竖琴和唱歌或者其他我最终可能会选的精神

追求为例。我之所以说竖琴和唱歌是因为我将这两者视为同一。它们共享相同的原理。竖琴我已经学了总课程的四分之三，而唱歌我觉得不太会是个问题，因为我的嗓子非常具有可塑性。

我是不会把科学与数学丢到一边的，因为它们可能会是我今后要从事的职业。假设我认真地对待作曲了，那么它就不仅仅是我的消遣了，也就是说它可能会遇到了一个可怕的竞争对手。

时间会证明一切。老实说，我的野心不如以前了。现在，我最在意的可能是，把那些最适合自己下阶段人生的原则和习惯在脑海中建立起来。在我的神经系统里存在一种对稳定和不变的纯粹需求，这种需求导致我认为自己的人生或能力正处于不稳固的状态中。

我就是那种即便在无忧无虑的美好日子里也会想打个盹儿的人。面对每一件可能发生的事件，我相信自己有充分的自信，也希望自己有充分的自信。

您永远的朋友A. L.

[1842年] 12月16日星期五

阿什利科姆

致沃伦佐·格雷格

亲爱的格雷格先生:

明天5点钟一定要来我家,留下来同我共进晚餐,然后再一起去看看戏。不过现在请不要对我不高兴,实际上我已经做得很不错了——至少是尽力了。不管是要做一个脱离现实的人,还是要做一个无用的病号,反正我自己是完全没有任何的概念或想法的,所以您尽可以放轻松了。您也知道,我就是一只奇怪的动物!正如我母亲常言道,她自己都不太确定到底是魔鬼还是天使在注视着我。毫无疑问,怎么都得有一个!(对我而言,哪一个我都觉得无关紧要)

可是,我做过的那些鲁莽离奇的事情您若知道一半,您肯定会以为有某种咒语在支配着我。我很肯定地说,我每天的大部分行为,不可能是跟我同龄的神秘雌性生物引诱我做的——而且还能如此安然无恙地引诱我。

见面后我会跟您讲讲我做过的那些鲁莽离奇的事情,您听后一定会觉得好笑。

您永远的朋友A. L.

[1842年] 12月31日星期五晚

圣詹姆斯广场

下面这封信的日期比较难确定，但它是阿达的兴趣和参与的活动发生巨大改变的标志。这封信被放在一个盒子里，陈列在拜伦勋爵的老家纽斯泰德庄园内。阿达在信中说自己终于可以全身心地投入科学研究了，而且还特别明确地将自己想要投身的事业与查尔斯·巴贝奇的分析机联系在一起。

致查尔斯·巴贝奇

纸张留的空白少到可怜，这些空白让我不得不充分发挥自己的聪明才智，把修改过的地方弄得更清楚些，易于辨认。

他们为何不多留一点儿空白呢？

我今天感觉好多了。我的大脑会让我继续活下去的，而且它还能让我保持活跃和快乐。

我觉得，要不是有那些宏伟的目标支撑着我，我该早就病入膏肓了。如果我还处于那种大量或长时间关注自我和自我感觉的状态，那我岂不是毫无前途可言？可是，我现在很高兴能上这样一堂课——它让我不是只为自己而学习和思考，它让我急切地想在未来的许多年里，带着积极、高效的态度活在这世上，而不是仅仅就这样活着。科学向我撒开了一张网，不管用何种方式，它都将这只"精灵"牢牢捕获了。

请放心，我在此所说的都是实话，虽奇怪却句句真心。

我可以确定地说，我对这件事的想法，只有您可以感知其中的正当性与真实性。

A. L.

［可能是1843年，日期不确定］星期日

奥卡姆

附言：明天3点见。

iPhone和iPad上的游戏

2010年7月15日，《早安美国》专门播放了一则新闻，讲了iPhone和iPad上的一个游戏应用。阿达·洛夫莱斯和查尔斯·巴贝奇看到这个应用后应该会十分高兴。现在，你不用再通过整合想象力和科学的方式来让阿达的头脑保持"活跃和快乐"了，你要做的关键一步就是破解密码，因此，赶快设计你自己的密码吧，这将会很有趣。

1843

"拼命地工作"；"为您服务的精灵"

1842年10月，L. F. 梅纳布雷亚在一本瑞士的期刊上发表了一篇用法语描述分析机的说明性论文。阿达翻译了这篇文章并将它交给了惠特斯通，之所以要给惠特斯通是因为他当时的同事是理查德·泰勒——一本科学期刊的发行商。阿达去世后多年，巴贝奇在自传《一个哲学家的生命历程》中写道："梅纳布雷亚的论文在日内瓦世界图书馆的期刊上发表了一段时间后，洛夫莱斯伯爵夫人告知我说，她已经把那篇文章译好了。我问她，既然你对这个论题都已非常熟悉了，为何不自己写一篇原创论文。洛夫莱斯夫人回答我说，这一点她还从未考虑过。于是，我向她建议说，你应该给梅纳布雷亚的文章加一些注释。没想到她立马采纳了我的建议。"

1843年2月7日，巴贝奇在一张小纸条上潦草地写了几句话，上面说他与阿达在"新形势下"会了一次面。2月15日，巴贝奇同凯－沙特尔沃思博士一起参加了赫斯特·金与乔治·克劳福德爵士的婚礼。这之后，阿达开始"拼命地工作"，为巴贝奇的分析机写注释文。

本章和接下来的两章所包含的信件刚好写于阿达创作注释的这段时期。这些信件被成堆地摆放在大英图书馆内。我去的时候图书馆规定不能带电脑，所以我只能将它们抄写在纸上。在抄的时候，我都带着一种真情实感去体验阿达生活中的大小事，想获得这样的感情你是无法仅仅只靠看书或浏览网站的。

阿达写给巴贝奇的信件向我们展示了两人这次创造性合作的过程及特点。跟今天一样，我们花在合作上的时间也不少，而且一般都是通过电子邮件来交流的。这些被保留下来的信件让我们感受到了他们两人合作的特点——有时严肃，但更多的是幽默。在接下来的三章里，我让阿达通过信件发出自己的声音，这样你们也能亲耳听到。

第十五章节选了阿达撰写的注释。在里克·格罗斯上校的帮助下，我给这些注释节选加上了解释性的内容，由此展现了《注释》与以阿达命名的现代计算机语言之间的联系。

阿达要完成的任务其实并不简单，因为巴贝奇写的分析机方案足足有30卷。阿达的工作便是综合他的观点，让英国政府和科学家认识到巴贝奇这项具有革命性的发明所占有的重要价值。这份出版物的完整版本是由阿达翻译的梅纳布雷亚的文章和她为这篇文章所作的注释组成，这两部分一般被大家合称为"研究报告"。阿达完成了《研究报告》后，巴贝奇想把它寄给阿尔贝特亲王，因为他对科学的兴趣很浓。巴贝奇还想在《研究报告》中添加一篇前言，详述英国政府是如何不支持他的分析机研究的。

有些为阿达和巴贝奇写自传的作家常常质疑阿达对《注释》所做的贡献，他们的文字中透露出巴贝奇才是那些注释的原作者，而阿达不过是他的秘书罢了的想法。令人费解的是，为何有人会提出这样的质疑？巴贝奇在他的自传中清楚明白地指出，阿达用他给的资料完成了所有的注释。但同时，这也是两人通力合作的成果，因为那些注释解释的东西都与巴贝奇的分析机方案有关。根据巴贝奇的说法，阿达还给他纠正了一个数学上的错误。当巴贝奇尝试更改《注释》的某些内容时，阿达会对他的校对能力发表自己的看法。巴贝奇在自传中写道，他唯一帮过阿达的地方是在伯努利数指令表的绘制上，因为当时阿达已病入膏肓，无力完成此表的制作。阿达在写注释的同时也与巴贝奇有大量的信件往来，这些信件提供的说法却与巴贝奇多年后的自传内容有矛盾的地方。此外，阿达在制作伯努利数指令表时犯了一个错误，我们今天会把这种错误称之为"bug"。然而巴贝奇却没有发现，也没有纠正。

在《注释》的一开始，阿达先是提出了一些相关的问题，然后再用一个数学模型来着重阐述巴贝奇的第一台计算引擎差分机与现在的分析机之间的差异。

阿达选的伯努利数模型是突显两台机器差异的一个绝佳例子。想要得出伯努利数，你需要进行多次运算，然后把运算的结果再次带入其他的运算中。举例来说，你需要先做加法，接着做除法，然后再做指数运算，以此往复。只有分析机才可以不靠"人手或人脑"的介入计算出伯努利数，原因是机器接收数字的信息和运算的指令这一过程是借由"打孔卡"发出的命令完成的。巴贝奇的灵感来自雅卡尔，他发明的织布机凭借打孔卡发出指令，把图案编织到了织布上面。

阿达一边埋头苦思该怎样挑选合适的数学模型展现分析机的功能，一边又在用哲学的思想对分析机进行深入思考。

她不仅注重机器的技术性细节，还会关注机器功能的理念和整体情况。这样的事情做起来可不简单，因为巴贝奇写了大量的设计方案以及我们今天称之为计算机程序的"取样迭代"。阿达对巴贝奇发出质疑，同他争论，并将他提供的信息加以提炼，最终以恰当的视角将巴贝奇的非凡构想执笔成文。

在这项严肃的工作进行的同时，阿达还给巴贝奇写了许多信，时而愉悦，时而怪异。她不仅在信中同巴贝奇讨论伯努利数和"梅朵拉闹剧"，还在信中将自己描述成一只精灵、一位将军及一个拼图迷。她甚至在信中写道，自己住在萨默赛特时，曾与邻居弗雷德里克·奈特打情骂俏。此后，巴贝奇成为她的知己，她则成为巴贝奇的"翻译"。

致查尔斯·巴贝奇

亲爱的巴贝奇：

我已认真地读过您的论文了，希望您能立即回信，回答我想问的问题。我拜访您的那天，您快速地在一张碎纸片（不幸的是，这张纸我弄丢了）上写道，差分机可以完成……（这样或那样的事情），分析机则可以完成……（其他的事情，但您写得很概括）。

请您把这些东西完整地写给我，这样我才能为文章添加一些有用的注释。

我一直都在想阿尔贝特亲王这件事，但我很怀疑这么做是否恰当。

急切地希望听到您的消息。

您永远的朋友A. L. L.

［1843年］星期四上午

奥卡姆

阿达完成了部分注释后将它们寄给巴贝奇检查。对于她的《A部分注释》，巴贝奇在第二天的回信中说："你如果对待自己笔下的文字也像对待友情那般苛刻，那么我认为，不管是你我之间的友谊还是你写的注释我都将一一失去。你

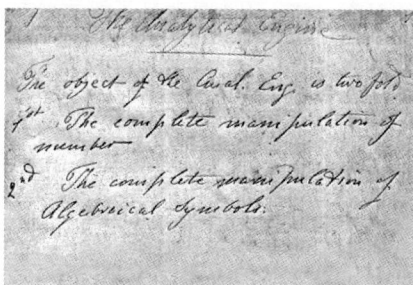

巴贝奇为分析机设立的目标

写的《A部分注释》充满了哲学气息，令我钦佩，我一点儿都不想还给你。请不要再修改了……仅凭直觉你是不会懂那么多东西的。我越是读你的注释，我越觉得惊讶，并且我很遗憾自己竟没有早一点儿发现这条埋藏了最高贵头脑的富饶矿脉。"巴贝奇继续他的赞美之词，同时也表示阿达的《D部分注释》同样是以"清晰的写作风格"完成的。

阿达早在1840年，也就是她写信给巴贝奇介绍单人跳棋的时候，就已经开始考虑往数学语言里添加一些游戏的内容。使用指示符号追踪数学运算的每一个步骤便是挪用了这个想法的一个技巧。

分析机经由打孔卡会接收到有关数字、运算和变量的信息。阿达请巴贝奇详细地解释了分析机是如何处理变量问题的。J. M. 杜彼在《查尔斯·巴贝奇的数学成果》一书中写道，写运算顺序时，若把变量也作为参考因素，那阿达的方法则显得更精细一些，因为她改良了梅纳布雷亚的方法。从阿达问的问题，以及第十五章中包含的阿达制作的指令表（已加注解）来看，我认为她具备的技能即便对今天的程序员和编程语言而言也同等重要。阿达写注释的时候，对她而言，最重要的并非名声或财富，而是谨遵洛夫莱斯家族的家

训——"劳动即收获"①。

致查尔斯·巴贝奇

亲爱的巴贝奇：

我正努力地为您工作，可以说是拼了老命（或许我真是如此）。②

我想您会满意我的工作的，因为我已经做了非常重要的延伸和改进工作。我之所以现在给您写信是因为，想请您在明天晚上之前把两份资料寄到我圣詹姆斯广场的家中：布鲁克斯的公式和关于分析机的皇家学会的报告。我想对您而言，这两份资料应该很容易就能到手吧。在周三上午见您之前，我特别想先看看这两份资料。

我似乎很顺利地就完成了注释工作。即便著作被推迟一两周出版，这也值得泰勒先生等待。我要把注释写好、写全，否则我宁愿不写。

我想在其中一篇注释里面加入伯努利数的内容，把它用

---

① 家训原文为拉丁语，"Labor ipse voluptas"。——译者注
② 此处为一语双关。原文为"like the Devil"，意思是拼命地、猛烈地，后面括号内的内容是阿达的强调，表示自己的确在拼命工作，但也亦如魔鬼一般。在后面的信件中她会提到这一点，即天使或魔鬼在注视着她。——译者注。

作一个例子来说明，即使不用人脑和人手，分析机仍然可以算出隐函数。不要忘了给我寄我需要的数据和公式。

您永远的朋友A. A. L.

［1843年7月10日］星期一

奥卡姆

致查尔斯·巴贝奇

亲爱的巴贝奇：

我一整天都在工作，正打算把图表等资料全部寄给您。

我发现指令表和图表（我很有耐心地，但也很痛苦地制作这些表）在一两个点上出现了错误，一想到这儿我就感到害怕。我试了一个不错的办法，这次的指令表和图表比我们第一次制作的表要好很多，然而不幸的是，我还是犯了一些错误。

除了前面说的指令表和图表，我也会把最后的注释，也就是H部分，寄给您。同时我也将把《C部分注释》寄回给您，里面（竟然）找不到需要更改或修改的地方……我希望您能把《A部分注释》回寄给我，我记得里面有一段关于变量卡的说明是有问题的。请一定要严格按照我的要求办妥这些事，否则我会因此而恼怒。

我明早将准时起床，完成指令表和图表的制作，以便能尽快回寄给您。一同寄回给您的还有我的仆人从您那儿带给我的修订稿（明早给我）。

因此，你将在周一上午做预算安排。我也打算在周一亲自来伦敦一趟，大概几个小时的时间，以便跟您最后再复查一些内容。请一定在下午2点钟到圣詹姆斯广场。

我害怕您会认为我的这份坚持令人厌恶。

您永远的朋友A. L.

[日期不明]星期六下午6点

附言：请务必要告诉我您对H部分的看法。提醒您一下，请仔细检查所有的"n"，尤其是第四页纸和第五页纸上的。

致查尔斯·巴贝奇

我这一整天都在不停地工作，大部分时候都还挺顺利的。您一定会非常喜欢我做的指令表和图表。我制作它们的时候非常用心，所有的指示符号都被精密且细心地标注了出来。洛夫莱斯勋爵非常体贴，此时正在帮我涂这些东西。我不得不用铅笔涂色……

您对变量卡的理解我简直无法想象，因为我从来不认为一张变量卡一次能展示一个以上的变量，而且（就我的理解而言）我也从来没有在任何一段话里面表达过这层含义。

《A部分注释》里面的内容，我找不出自己喜欢的地方，因此我将这部分完完整整地回寄给您，让您能迅速地安心……

我发现洛夫莱斯勋爵另函寄出了指令表和图表，他寄出的东西全都属于H部分的内容（他对指令表和图表的美感和对称十分着迷）。不行，我发现可以把H部分放到D部分里面一起寄过来。

[1843年7月2日] 星期日下午6点

奥卡姆

致查尔斯·巴贝奇

亲爱的巴贝奇：

如果您明天没有任何重要的事情想跟我讲，那请您先不要到我家来了，因为我眼前全是需要完成的紧迫任务。另外，我会在下周五到伦敦来，到时候我们可以在十二点见个面……

我一直都在思考工作和职责的事情，是关于您和分析机的。接下来的两三年时间里我还会常常思考这些事情。对于此类事情，我自己有一些很棒的构想。

我打算花一部分精力把科学发现的原理和方法归纳一下，然后再添加到行文里，用各种例子来阐释相同的概念。我已经把迄今为止的科学发现列成了一个表，便于自己研究它们的历史、起源及发展过程。不管何时何地介绍文章主体，最重的一点是，一开头你便需要把那些逻辑上应归于科学发现条目的内容做界定和分类。对于我那清晰、精确、有逻辑的大脑来说，此部分将是发挥其能力、提高其哲学思维的极佳试练场。这个试练场是合格的，有特点的。

明天到了伦敦后，请允许我先找一个便条本，我会在十二点到一点之间完成这件事。同时，我也想知道您明天到底能不能来。

您真诚的A. L.

1843年7月2日星期日上午

奥卡姆

致查尔斯·巴贝奇

亲爱的巴贝奇：

我此时专程写信给您是为了三件事，这也是过去十八个小时我一直在不慌不忙地深思的问题。这封信十分重要，因此我不得不派我的仆人寄信，这样您就能在今晚六点半收到信了。

首先是第一个问题。昨晚我随信给您附上的几行关于（8）与积分的联系的文字，我决没有让您把它们插入正文的意思，除非您完全同意这么做。

但让人非常起疑的是，是否有足够的关联性证据表明（8）就是一个积分……

第二个问题是洛夫莱斯勋爵对译文和注释的署名提出了他的建议。他的意思是，在译文的最后签"由A. A. L. 译"，然后在每个部分的注释前面写我的名字首字母"A. A. L. "。

我并不想强调文章是谁写的，但我或多或少地希望用印有"A. A. L. "的其他创作成果来为这次的文章添加一些能体现个性化和具有辨识度的东西。

我的第三个问题也是我的最后一个问题，这个问题非常急迫且重要。昨晚和今早，我仔细地分析了变量卡数字的问题，我在最后的H部分（还是G部分？）有提到。我发现您和我都把这个问题搞乱了（我可以很轻松地对此问题做完美的解释）。我把希望插入的文字随信附上了，您已经收到的那部分我就没有再寄了。目前出错的段落大概只有八到十行，在印好的三部分文段的第二部分上，紧挨着图表的下方……

这个问题没有表明运算是否有循环性……在H部分，出

阿达：数字女王

138

错的几行文字是建立在一个草率的假设之上的，即运算卡（13……23）①的"循环"或"重复组"是由变量卡的"循环"或"重复组"推进的。

我把自己认为是正确的推论也附在了信中。

如果文章已经开始打印了，那我们必须先在试印的时候就把那段文字修改好。如果您亲自去打印，把修订稿贴上去，那我们就不用改那段文字了。

我简直难以向您描述昨天我究竟病得有多厉害，身心有多疲惫。如果我有表现出任何的唐突或令人讨厌的行为，请原谅我。

今天我的呼吸又顺畅了，各方面感觉都还不错，这都多亏了洛可克医生的治疗。他的确很了解我的事情，我是指有关疾病治疗的事情。这件事太重要了。

至于医学理论的发展，他说真的只有靠时间和上天了！总而言之，这就是一件极其异常的事件。简直如一个奇异函数！

昨晚我在半小时内走到了（更确切地说是跑）火车站，

---

① 运算卡和变量卡都属于打孔卡的一部分，详见第十五章。——译者注

与此同时，您则在奢侈与舒适之中随意地享用着晚餐。有这样一只用大脑和四肢为您竭诚服务的"精灵"一定是一件令人愉快的事情吧！我很羡慕您！然而，为我这只可怜的小精灵服务的却只有那些愚钝笨重的凡人！

您永远的朋友A. L.

［1843年7月4日］星期二上午

奥卡姆

阿达在信中咨询了巴贝奇有关"循环"的问题，在《注释》中，这个问题代表了阿达为计算机发展所做的一项巨大的贡献。"循环"让程序员在编程的时候能节约不少的时间。第十五章中，阿达用了一个形象的比喻让我们知道了什么是"循环"，以及什么是"重复模式"。

那么，设计师、建筑师和艺术家是如何使用重复的图案的呢？

阿
达
：
数
字
女
王

诗

意

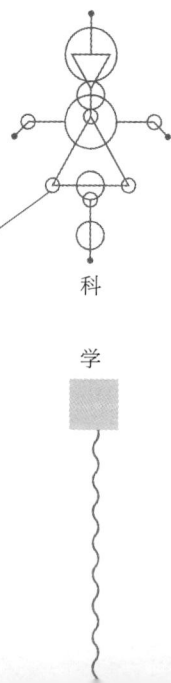

科

学

1843

"你可以当一个了不起的将军"；
分析师与哲学家

经过短时间繁重的工作后，阿达收获了不少的进步，她写信给威廉说："今天惠特斯通跟我待了很久，看完我的译作后，他决定把它带走。"她又接着写道，希望可以收到"译文的校对稿，以便修改。另外，我相信泰勒是不会拒绝这篇译文的。此刻，我正在翻译一篇用意大利语写的科学论文，这篇文章写得非常好"。当晚，她还同威廉的妹妹赫斯特去剧院观看了肯布尔小姐主演的歌剧《诺玛》。最后她在信中说，现在她只关心与数学和科学有关的事情，其他的她一概不过问。

致查尔斯·巴贝奇

亲爱的巴贝奇:

希望您能喜欢我寄给您的文章,为此我可是煞费苦心。我在这个例子以及其他许多例子中已经解释过,这里面可能会出现变量卡和运算卡的"循环"或"重复组"问题……我认为自己已经出色巧妙地解决了这个问题。(我就是女谋士兼政治家!)

您永远的朋友 A. L.

[日期不明]星期二

奥卡姆

致查尔斯·巴贝奇

亲爱的巴贝奇:

您的来信让我不胜感激。如果您方便把有关变量卡的那段修改文替换掉,那您方不方便顺道也把另一个句子修改了。这个句子在我昨天给您寄的那段文字的前面,大概在半页或半页多之前……

您在信中写道,"为何我的朋友喜欢为我们的友谊找想象性的根基?"原因就是,这位朋友碰巧有丰富的想象力,

您却不想让她保持。她只想稍稍发挥一下想象力，不时地想探究一下。除此之外，我不认为精灵完全是我们想象的产物（我想您指的应该是有关精灵的比喻）。

我的大脑可并非平凡之物，对此，时间将会说明一切（要是我的呼吸和其他机能不要那么快衰竭就好了）。

十年快到了，如果我还没有把这世间奥秘的部分玄妙搞清楚的话，那棘手的问题依旧。当然，搞清玄妙的方法若仅凭尘世的嘴唇或大脑是办不到的。

没人知道在我那瘦小的体内潜藏的尚未被开发的能量和能力是有多么地可怕。我之所以说"可怕"是因为，在特定的情况下您也许可以想象到这个词背后所指代的含义。

洛夫莱斯勋爵有时会说："你可以当一个了不起的将军了！"想象一下我在社会和政治动乱时期的样子（有世俗的权力，有统治权，野心勃勃。不过现在我没什么野心了）。

我是一只完全不顾一切的精灵，一定程度上还带有深不可测的审慎性格，然而这一点却与我个性中的大胆和冒险精神相悖。这样的组合十之八九会赐予我无限的成功可能与支配力量。

然而我的王国并非属于尘世，太感谢上帝了！……

我一直在顽强地尝试和筛选推导伯努利数的所有方法。

我对这个问题的处理以及将它同其他问题加以联系的方式终会让我攻克这道难题。

我会继续研究自己在后期的工作中所遇到的问题，并用同样的方法处理它们。

"劳动即收获"的确是我的人生格言！而且（正如我刚刚提及的话语所示），我的兴趣和雄心不再紧盯精神层面的东西了，对世界来说这也许是一件好事。另外还有一点利于这世界的地方，那就是我可以尽情解决有关X、Y、Z的问题了，不用执意地应对刀剑、毒药和阴谋之事，也不需要生活在那种处心积虑地把这些事情强推给我的时代和环境中……

您永远的精灵A. A. L.

[1843年] 7月5日星期三

奥卡姆庭院

致查尔斯·巴贝奇

亲爱的巴贝奇：

我寄给您的第一部分已印刷好的文段已全部修改完毕。修改花了我很多心血，我想应该有很大的改进。

印刷机多打了一两段文字，而且在该用斜体的地方没有用斜体。我已尽最大的努力把所有该注意的地方都标注好了。

　　我还给您寄了四篇脚注，全都加在了该加的地方。我想您应该会喜欢的，尤其是第一篇，是关于帕斯卡的计算器的。我希望明天把译文剩下的部分也寄给您。我的计划又有改动了，我打算周一去伦敦，但只待一天。您能下午3点钟来吗？

　　我想注释部分不用像译文那样要修改一半的内容。修改文章让我颇费心思。我希望不要再改了，因为这份工作麻烦到让我厌恶，而且令我苦恼。请务必跟我讲，我的修改内容是否让人觉得易懂易读……

　　F·奈特周二刚从荷兰回来，我们周三上午见了面，玩得很愉快。他很担心我的文章，害怕我写的东西不够成熟。

　　我发现他越来越喜欢我了。他是一个优秀的男士，值得拥有一份美好的爱情。

您最真诚的A. L.

［1843年7月6日］星期四

奥卡姆

　　附言：我打算把"A. A. L."签在所有的注释后面，译文我就不打算署名了。

致查尔斯·巴贝奇

下周五无法与您见面了，若能改到下周一晚上（那天我会留下来过夜）就太好了。

与此同时，我将继续我的修改工作，尽早地把文章交给您。只希望自己在做的时候能完全独立地完成。不过我觉得这不可能。

我对您前言的批评意见，希望您能留意。我认为这些意见非常重要。如果洛夫莱斯勋爵提出了更深入的意见，我觉得您应该听一听。或许，他真的会提出来的。

您永远的朋友A. L.

［1843年7月11日］星期二下午5点

圣詹姆斯广场

致查尔斯·巴贝奇

亲爱的巴贝奇：

您可否于周六上午9点来我家？如有必要可否留下来？我之所以让您早一个小时来是因为，我们需要处理很多的事情。不过，最迟也不能超过10点。

我一直都在生病，一部分跟让人心烦的消化不良症有关，一部分跟这令人难受的多变天气有关。这也是为什么我

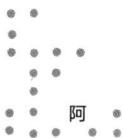

很少给您写信了……

我把F. K. [①]写的一张便条寄给了您，您可以借此看看我俩之间的通信风格，以及我们现在的关系。难道您不觉得"夫人"这个尊称很搞笑吗？这不是顺道说明了我对他而言就仅仅意味着"夫人"而已！……

给您寄这种写满诸多猜测和联想的信是不是显得我太没规矩了？——可我不这样认为。

您永远的朋友A. L.

［1843年7月13日］星期四下午6点

致查尔斯·巴贝奇

亲爱的巴贝奇：

我现在非常沮丧，因为这些数字让我深陷一片令人惊叹的泥潭，也让我倍感烦恼，今天我可能完成不了任务了。我明天就能把所有的事情搞清楚，然后再把包裹寄给您。我尽量在白天完成。所以，您不用太担心（尽管此刻我处于某种带着迷人感的混乱状态之中，不过这混乱有种虚妄的特质）。

———————————

① 即弗雷德里克·奈特。——译者注

现在我要出去骑马了。太棒了①。

您最真诚的"拼图迷"

［7月21日］星期五下午4点

奥卡姆

致查尔斯·巴贝奇

亲爱的巴贝奇：

今天我有四页内容无法按时完成，除开这四页的注释，我将把余下的都寄给您。之所以无法完成是因为我需要对其中的内容做一到两个修改。因此，您会注意到我寄给您的两个部分是不连贯的。明天我将把剩余的部分寄出。

您应该在今晚就能收到信件，立即寄件的话，得多付一先令的钱。现在我必须解释两件事情。您修改我的注释这件事令我非常恼火。您也知道，若有需要的改动，我都很愿意去做，可是我没法容忍别人乱动我的文章。因此，即便我不喜欢，我还是希望能在校对的时候修改一下文章——假定您已经将校对稿和注释文寄出的情况下。

第二，您有一点我不太同意，那就是您没有删掉一些

---

① 原文此处为法语。——译者注

段落。我们不说所有的例子，就只说一个。在该例子中，这个段落被删掉是很有必要的，因为这里本来应该是非常连贯的，这个段落却造成了隔离的感觉。

总之，所有的问题都让我倍感苦恼。

我必须请您将所有的西服再加外套①都寄给我——为了开启研究工作，我现在就需要所有的文件。

注释的事情及其他科学问题我都做了颇多的思考。我发现自己的计划和构想越来越清晰明了，越来越透明，那种浑浊的形态越来越少了。

您最真诚的A. A. L.

［1843年7月22日］星期六下午3点

奥卡姆

附言：最近我一直都苦不堪言，病情达到了前所未有的严重程度。不过今天我恢复了不少。我会撑过这场大病的。

在为梅朵拉找法国女佣这件事上，阿达一直在尽力帮母亲。最终他们雇用了娜塔莉·博雷佩尔。然而，娜塔莉和

---

① 原文为"*tout suit plus vête*"。此处为阿达的比喻，意指所有需要的文件。——译者注

她的丈夫不仅发现梅朵拉的女儿玛丽为其私生，还认为梅朵拉并非一位"有教养的淑女"，夫妻俩很担心这样的事情会对自身产生不利的影响，于是他们想换份工作，并希望雇主拜伦夫人能为自己写一封品德见证信。拜伦夫人不仅拒绝了这个请求，还控告博雷佩尔夫妇盗用她垫付的费用。那时，为了给母亲辩护，阿达进一步卷入此事，她甚至到法国大使馆，为母亲的立场辩解。这件事发生之时正值阿达写《注释》的那段非常忙碌的时期。阿达对大使馆之行的描述以及一些叙述了拜伦夫人如何将阿达的注意力从工作转移到"梅朵拉事件"的文章我都没有收录于书。多丽丝·兰利·摩尔在自己编撰的阿达自传（见参考书目）中用生动准确的笔法描绘了当时的情形。

致查尔斯·巴贝奇

亲爱的巴贝奇：

希望寄信的人能在晚上9点前把信件送到您家。他明早就要赶回来，您可以让他带着回信。我想知道的是：您能在周四下午4点同我在伦敦见面吗？这样我就可以和您一起把《注释》大声地读一遍。如果在文章打印之前能与您一起再检查一遍，我才会觉得满意放心（就再细读它们这件事而言）……

之后您能陪我一起去看歌剧吗？我的仆人如果今晚就能收到您的回复，那他明早就不用再过来了；如若不行，那他明天必须尽早赶回来。

我把您的注释都保留了下来，希望再做一番思考。就我认为，您的注释无任何异议。请注意，打印时一定要把译者的注释与您的注释或梅纳布雷亚自己的注释区分开……

《注释》我就不再署名了，但我希望将标题改为《译者注》……

您永远的朋友A. L.

［1843年7月25日］星期二上午

奥卡姆

致查尔斯·巴贝奇

我把E部分已经改完的注释寄给了您，当然没有全部都寄出。既然这样，您就不能随意评价了。我在可怜地加班加点工作，头脑想的也全是工作的事情。

我在想您是否会喜欢我往上指示符号里添加的内容。八成我觉得您不会喜欢。如果您不喜欢，我可以把添加的部分删掉。不过今晚不行，因为我既不能说话、执笔，也不能思考问题，还缺乏直觉判断力。但我感觉自己比以往都更像一只精灵（不过，我觉得这个想法很罕见，绝非常情）。

您真诚的"傻瓜"

[1843年7月26日] 星期三晚10点

致查尔斯·巴贝奇

亲爱的巴贝奇：

我对试印稿或校对稿都不太满意，想让我满意，除非我有自己的试印手稿以及为校对准备的修改后的试印稿……我很高兴地发现，《注释》的确不需要多少修改。说实话，《注释》让我相当惊叹，不管自己怎么想，文章呈现出的那种精湛的风格以及比起《研究报告》本身还要精湛的特质，都不禁让我震惊。

我说的一句平淡无奇的话让洛夫莱斯勋爵大笑不已："嗯，我对自己的第一个孩子非常满意。他是一个极其健康的小宝宝，将成长为一名坐拥权势的重要人物。"

您在前言部分所做的修改我很赞赏，不过单词"so"是个累赘，太多余了，这点儿我不太喜欢。请一定要删去这个词，并保留这句话——"of the money to be expended"。这一小小的单词把整句话都毁了……

洛夫莱斯勋爵已浏览过我"小宝宝"的"外观"了，对其学术和学问的一面，洛夫莱斯勋爵非常满意。

您真诚的A.L.

［1843年］7月27日星期四上午

奥卡姆

致查尔斯·巴贝奇

《G部分注释》的开头（我指的是那份表以及它之前的所有内容）您还没有归还我。剩余的注释有一小部分我已收到了，但我很快又还给了您，现在那部分已经在打印了。

不见的那部分要么还在您家，要么留在了印刷厂。不过就我来看，您应该没有留这部分。因此，我赌上一切向您保证，这部分应该留在了您的办公室。即便丢失了，也应该是在办公室里丢失的。

与此同时，我一直都认为您有点儿粗心大意，在有关印刷、页数、段落等的准确顺序和布局上您会不时地犯错误（我见过那个您非常粗心粘贴的段落！）。

我觉得要是有可能，我一定会着手写一些更好的东西，将其作为《注释》的替代。如出一辙的内容我是想不出来了。几天后我就能做些事情了。我非常想骂骂您，我可是会这样做的。

希望我的信差可以多等一等，因为很有可能您会说一些更有意思的东西。

7点后我就要离开了。周一我应该不能如期到伦敦了。

您真诚的A. L.

［1843年7月28日］星期五5点

圣詹姆斯广场

致拜伦夫人

……为了最终的校对，我翻阅了面前这袋清晰、有说服力、颇具逻辑性的文件。这些冗长复杂、令人生厌的文件和事情最近像要了我们命似地耗了我俩大量的精力和注意力，但这过后，我感到了放心和满意。写的时候对精确性的要求是极其详尽且费时费力的，因此我这个"长子"的首要特征就是具有很强的精确性，乃精确性的统一体，特别有一点，他还带有宏大、普遍且形而上的观点色调与暗流（这是通过暗示而非明确的表述完成的）。他不属于说服力很强或聪明异常的类型，但是，他不仅展示出潜在的力量，还展现出一种不服输的勤勉性格，这种性格使他在面对琐碎细节的时候不会露出鄙夷的神情。

他会成为优秀的一家之主（我希望是）。他将传授沉着、可靠的品质给家中的兄弟姐妹，而他们也将深深地感激他（尽管有可能他那安静、不易被人发现的影响力没人会察觉或承认）……

[1843年8月] 星期四上午

奥卡姆

致查尔斯·巴贝奇

A部分的注释没有太多要改的地方（我把这部分都寄给了您）。就这部分来看，我觉得重点要修改的地方是那些要删掉的段落以及需要插入或修改的标点符号。我无法抑制自己想表达对这个孩子惊叹的心情。似乎对我而言，文章所呈现的简练、有力的风格特征最令人震惊，有时字里行间还透出一半的高级讽刺感和一半的高级幽默感，我觉得这种感觉令自己摇身一变成为了一名令人生畏的评论家。写作的力量让我极其震惊。文章确实不怎么像是出自一位女性之手，但我也不能将它同其他男性的作品比较……

同样，《注释》上应该加上我的署名"A. A. L."。我说的不是脚注，是A、B、C、D、E、F、G这七篇重要的《注释》！

目前您已经收到了所有的校对稿。我相信您已经把G部分的注释全都找到了。这部分还有少少的几页，您尚未寄给我。收到后，我能在一两个小时内把试印稿修改完。

您就等着明天取我邮寄的包裹吧，里面是《注释》剩下的试印稿。

A. A. L.

［日期不明］星期一下午

致查尔斯·巴贝奇

我非常生气地发现，他们没有把修改过的表插入校对稿中……里面还是原来那个样儿。请您立即处理一下这件事。这太粗心了，令人十分恼火。

我修改了好几个地方，结果修改的内容一个也没有插进去。上指示符号同样没有加进去，小脚注亦如此。我把校对稿和通信试印稿的后部分寄给了您，这样您就可以立即处理这个问题了。这种疏忽我可不想负责任……

我的先见之明，以及预见所有可能会发生的事情（可能和不可能都一样）的能力我认为有大半您都搞不清楚。

我回寄给您的那些印刷品大体上都很干净，很高兴看到这样的事情。

明天我希望能将校对稿和《A部分注释》剩余的部分寄给您。由我的保姆于中午寄出，更大可能是通过邮局寄。

我将勤勤恳恳地工作，希望由自己来修改《注释》。您收到《注释》后就可以派一个信差过来。您提出建议的地方我会立马处理，然后再通过您派的那个人或其他特派信差给您寄回去……

您太粗心了，竟忘了《注释》这事儿。我为您服务了这么多，您欠我的您得偿还多少啊。

我目前精神还不错，希望再过一年自己就能有几分分析师的样子。我越是学习，越会不禁觉得自己有做分析师的天赋。因为我将成为一名分析师，所以我不敢相信我的父亲曾是（或者曾经可能成为）这样一个诗人，对我来说这两种角色是可以并行的。

您真诚的朋友A. L.

［1843年］7月30日星期日

奥卡姆

致查尔斯·巴贝奇

……B部分的注释把我折磨得要死，尽管我只修改了一点点。可是像这样的修改就是会让人觉得劳累，而且你还得做详尽的思考和精密的调整。

《注释》写得很不错，同时我也希望您能像我一样，既把文章正确无误地完成，又能靠得住。

如果您是这样的人，您将给我省多少的麻烦啊。而实际上，您经常给已有的麻烦雪上加霜。您如果没有给我带来麻烦，我反而会焦虑地怀疑，即便您真的没有我也会这样。

顺便说一下，我希望您不要自作主张，把我已修改的内容再修改。

请您一定不要这么做。每一处修改都有其充分的理由，您却把一两处改好的地方改得乱七八糟、混乱不堪（以后我会给您看的）。您在我的手稿中大胆地插入或修改了某个短语或单词，结果整句话的意思都被搅混了。

这一两个地方，起初我还没搞清楚里面那些句子到底怎么了。但我很快发现它们有被改动的痕迹，而且不是我亲手改的。这是我在查阅手稿的时候发现的。我担心您会以为这是一封充满戾气的信件。不要紧，我人虽小却心地善良。

您真诚的朋友A. A. L.

[1843年8月1日]星期二下午

奥卡姆

附言：目前只给您寄了B和C部分的注释（原因有一部分

跟一些错误的引用及您所犯的错误有关）。不用担心，明天一大早我就会拼命地工作，修改那些错误。

致查尔斯·巴贝奇

我从今早7点开始工作，基本上就没有间断过，一直到自己无法再聚精会神地工作了才休息一下。我发现只有那些装入了信封的文章才是完整的。我得明早派一名仆人赶10点的火车将剩余的部分送给您，这样您就能在这封信到的时候收到剩余的文章了。

《E部分注释》中，我在三角学上遇到了困难，您简直无法想象。事实上，我相信这世上只有我才会如此顽固地坚持下去，正如我做所有令人疲倦的琐事一样，我会坚持到底的。

没有收到您的来信让我觉得非常不安，昨天或今天就该收到您的来信了。我很担心您是否遇到了什么不幸或其他的事情。希望《G部分注释》早点送达，也希望您能平安收到我的信件。

我认为您最好能把翻译再校对一遍。假如您把这次的译文同初较稿对比，您就会发现我真的不用再检查译文了。

我应该把"没有消息就是好消息"这句话当真，可我还是处于一种略带悲伤的烦躁状态中。

您真诚的A. L.

［1843年8月2日］星期三下午4点

奥卡姆

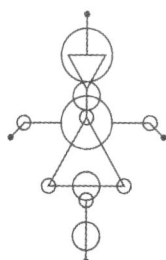

本章重点叙述了将不同观点整合的重要性。今天我们将这样的策略称为"合作"。

如果想合作顺利你需要采取哪些步骤?

巴贝奇和阿达着手的任务是什么?

阿达将任务推行得如何?

她问了哪些至关重要的问题?

阿达是如何让工作保持轻松有趣的?

你还可以问许多其他问题,以强调合作进行得有多顺利。

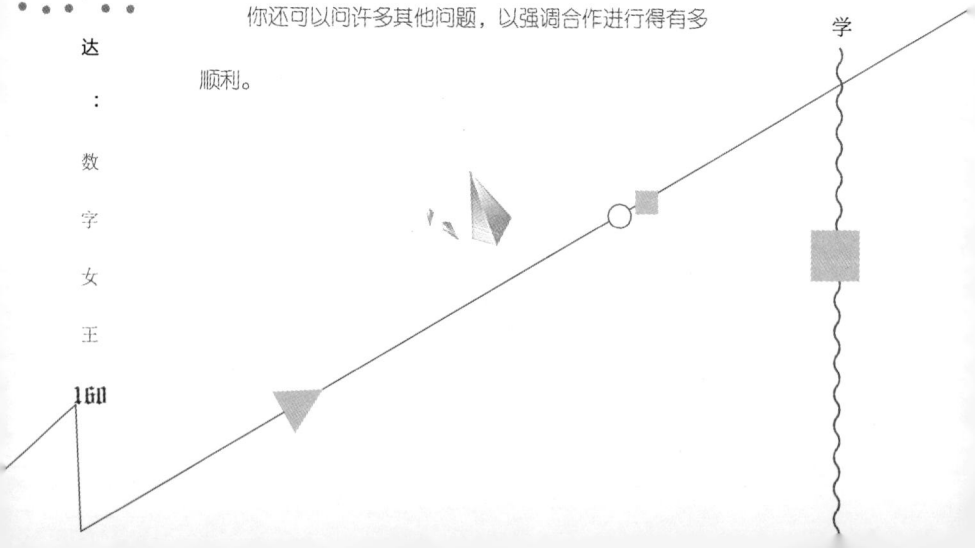

1843

各种骗子与数字女王

此时，有许多问题困扰着阿达——疾病，《注释》的撰写，养育孩子的艰辛以及梅朵拉的戏剧性事件（这件事越来越复杂）。阿达写信向住在德国的表亲罗伯特·诺埃尔求助，信中她说自己需要为孩子们找一名老师。此外，她还谈及了自己对职业抱有的期望。科学上的付出究竟能收获怎样的结果，阿达也进行了展望。除了《注释》，上述问题阿达在信件中也叙述了很多，而且她全都仔细地理出了思绪并用文字认真地表达了出来。

接着，麻烦出现在了巴贝奇身上。阿达本来想让巴贝奇做二次校对，不过她自己却花了大量的时间在定稿的打印上

（二稿还是三稿我们并不清楚）。最大的问题出现在巴贝奇写的前言上。他在文中叙述了英国政府完全不支持制造差分机，对分析机的创新方案也不理不睬，而且这篇前言他非常想放到《研究报告》中。但阿达读到此文的定稿后拒绝了巴贝奇的要求。对此事，她感到非常愤怒。

这时，理查德·泰勒（发行商）写了一封信给巴贝奇，想确认他是否同意阿达的做法。之后，巴贝奇让阿达撤销了那篇前言，并执笔写了一篇全新的文章。对这件事，阿达可没有说任何客气话，根据她的说法，巴贝奇无疑在遵循"自毁自灭"的原则行事。

阿达和洛夫莱斯勋爵都想直接帮助巴贝奇，将关于分析机的富于创新的构想转化为一台可以运行的机械模型。在这场政治游戏中，巴贝奇被视为弱势玩家，因此阿达想利用巴贝奇的弱势身份，将分析机化为现实。她给巴贝奇写了一封长达16页的信，重点讲了男人和女人通常会有不同的想法。整封信后来被直接出版发行，这种事情还是头一次出现。

下面这封信也许是所有信件中最重要的一封，不过让人没想到的是，它竟然被收藏在加利福尼亚州。一位硅谷的高管在读了我的一篇文章后主动联系我，并好心地让我把这封信加进书中。这简直是一份宝藏。

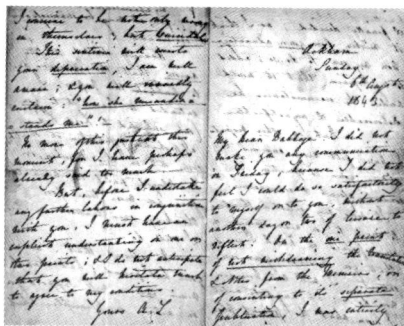

阿达给巴贝奇写的信

同时，我还从洛夫莱斯收藏馆中找来了阿达与拜伦夫人及罗伯特·诺埃尔的通信。这两封信从侧面突显了阿达与巴贝奇的分歧。

致查尔斯·巴贝奇

亲爱的巴贝奇：

之所以周五没有给您写信是因为，我觉得若不再多用一天的闲暇时间来思考，于您或于自己，我都无法交出满意的答卷。要不要把《研究报告》单独出版，要不要把译文和注释加进其中，这件事我已完全拿定主意了。如果单独出版，我认为此做法对您对我都无任何有利之处，而且我还会想，不加译文和注释，未免也太过无耻和不公了吧？

至于其他方面，我急切地希望您能配合我，并发出热情的赞同。

　　我的确非常想就某些点写信给您，我认为您在自己的利益问题上犯了错。目前我暂时不会再给您写信了，不管怎样，我要听了当前的计划后才做决定，因为我现在发出任何抗议可能都会显得很多余，没太大的意义。

　　要不要把那篇文章添加到研究报告中，我打算交由您来决定（这样做洛夫莱斯勋爵会表示赞同），是要按这个结果走，还是将它延期到下次再做商定，这样您就有更多的时间来好好思考这些问题了。我仍在考虑这些事情。

　　请放心，我还是您最好的朋友，但如果您还要遵循那些我认为错误且自毁自灭的原则行事，我将永远不再支持您了。

　　这句话肯定会激起您的反对，这点我深知，而且您还会在内心呐喊："看看吧，她对我的误解竟如此之深！"

　　我不会再说这样的话了，因为我也许说得够多了。

　　但是，在同您更深入地合作之前，有一两点我希望您能非常清楚地理解，也请您不要抱着那种不想同意我的条件的期望与我共事。

您真诚的朋友A. L.

[1843年] 8月6日星期日

奥卡姆

致拜伦夫人

亲爱的母亲:

……没有经常写信给您(我觉得没有必要马上就写)的另一原因是,巴贝奇先生的行为让人摸不着头脑,我因此感到厌烦,压力颇大。实际上,我俩有分歧:我很遗憾地总结说,他是一个极端自私、放纵、不切实际的人。我不希望我俩之间产生任何隔阂,可是以后我们的关系肯定会存在一定程度的冷淡和保留。由于威廉不在,我不得不独立处理这件事,但我很欣喜地发现,威廉和惠特斯通都完全赞同我的处理方式与观点。于是我立马向巴贝奇声明,任何强权都无法迫使我屈从他的争论,或让自己成为他的喉舌,我会直接同编辑交流,因为我不想做违背诺言这种不光彩的事情,即便违背诺言能加大他的优势(我怀疑这是否真的有利于他)。

他非常愤怒,我自己却泰然自若,完全不受影响。他永远不会原谅我了。我尽量劝他,还默默地给他提建议,我觉得等态度需要直接明确后我才会终止安慰和提建议。请原谅我此时强迫您听这些痛苦的事情。

我只想让您明白,过去几天,我的所有时间与精力都被可怜地耗尽了。巴贝奇与编辑们从不同的方向向我施压,由于他们之间的事情，我仿佛已被撕成了碎片。最近我没有再听到有关梅朵拉的事情了，我是真的努力想把她那些事所暗含的复杂、邪恶的意义忘掉几天……

为了世人的需求，我希望可以更完整地发展上帝的真理。心怀这一目标，我若能真诚且不动摇地坚定上帝的真理，那么我必将渡过一切难关，并且当一切（若它们可以的话）大白于天下后，我能为遮蔽和掩盖了诸多罪恶与扭曲的人类和自己的家族建立美名……

[1843年] 8月8日星期二

圣詹姆斯广场

致罗伯特·诺埃尔

亲爱的罗伯特：

很荣幸能将我翻译的梅纳布雷亚的文章寄给你（你若能告诉我该怎样寄给你就好了）。文中，梅纳布雷亚描述了巴贝奇的计算引擎，我则为其添加了注释。实际上，我添加的注释比原来的文章还要长，更深奥抽象一些。从某些方面看，这项任务既费力又麻烦，它的回报可能就是给我带来一点点的名气或声望（我接手这项任务时可没有这样想）。做这件事，我更多的是默默地、耐心地付出劳力，勤勤恳恳，脑力或光鲜的外表倒用不了多少。我故意克制自己，最好能慢慢地摸索自己的道路。若合适的时机来临，我将展现出无限的想象力与流利的口才。同时我也希望在逻辑、勤勉、学习和训练等方面打下坚实的基础。不管现在这座基底的形状是如何地简陋、生硬，我很高兴自己早已起航上路⋯⋯

1843年8月9日星期三下午

奥卡姆庭院

致查尔斯·巴贝奇

亲爱的巴贝奇：

要不是打印工作很紧迫，我几天前就给您写信了。现在打印工作已愉快地结束了。在有限的程度上，我力争做到事事完美。总体而言，我还是非常满意的，因为文章十分完善，让人钦佩——不管是开始写的那些观点，还是总体的内容与注释的安排同观点的一致上。现在我还可以做得更好，但这需要从一个完全不同的基点着手。

您早该收到我的来信了。您提出要求让我回信，而您的注释（在周一的时候已同我的文章等文件装入了信封）正是我对您的完整答复。您是我的老朋友，受人尊敬，您的才华我十分欣赏，希望别人也能像我一样。

要不是因为这份愿望（洛夫莱斯勋爵和我在心里热烈地拥抱这份愿望，您至今都没有意识到），以及我们长久以来的关系和交流，我早就会说越少让我看到那篇文章越好。我只能带着轻蔑的微笑将文章丢到一旁。想误解文章的语气是完全不可能的，因为我一直都是一个"显函数X"。我不能假装自己误解了您的语气，让您（如果您愿意）继续以"隐函数"的风格行事。您的这种风格在文章中表现得淋漓尽致。

如我所知，此刻您是不会直接说出对我的看法的，我也会这样做。亲爱的巴贝奇，您觉得在人生中，自己曲折坎坷或不幸地经历了诸多的伤害、失望和误解，而我也（以消极的方式）让您感到了伤害、失望和误解。您知道吗，这是您个人的感受，您却因此而倍感伤害。您尽力从一些话语中求得可怜、悲伤的安慰，比如，"嗯，她什么都不知道"，或者，"如果她这样做了，她就是故意想伤害我，给我捣乱"等。

您在信中说，您不希望我"违背诺言，只可以问您能否让自己从诺言中解脱"。我亲爱的朋友，擅自违背诺言的权利我的确没有，但我仍然有向好心的一方求助的小权利，这么做一来是可以得到人们表面上的认可，二来可以得到做公道和自我权利意识不允许的事情的借口。这个世上，最大的罪恶或藏得最深的表里不一是，通过次要动机获取他人的帮助与赞同，并凭借更高尚、更普遍的动机进入不被世人接受的境地。对此，您的回答会是，我的原则没有问题，非常伟大，可是就这件事而言，它并不适用，因为在这种情况下，编辑们很乐于看到您解除这样的借口。我必须声明，我确确实实实用了各种方法查明了这一点，而且跟我想的完全不一样。

您会否认和辩驳，更有可能会立马想出各种原因（从您各种不应有的内心想法中进出）说当事人可能仍然想接收那篇文章。不过，请您记住，您这么行事时，您原来的立场就改变了，于是您的问题不再是洛夫莱斯夫人应不应该帮您和编辑两方的忙（处于不同立场的两方均希望通过另一种途径剔除我要出版的文章，这不是原先提出的方案），而是洛夫莱斯夫人是否应该心照不宣地屈从编辑们可能怀有的不良动机。对于这件事，就未受次要动机影响，习惯了公平正派处事的各当事方来看，大家的回答都非常清楚明白了。我的承诺是无条件的，并且与我签合同的各方的动机无任何关系。因此，我无权根据后来想到的原因将文章撤销。如果我专门为您做事（也是为了他们），那情况则大不一样。您碰巧是我的朋友，我很高兴您能因先前的承诺而感到满意和有用。在这样的情况下，他们只能一筹莫展了。我的朋友希望发表这篇文章（不管多有理由），但上述种种撤销文章的理由显得既不真实又不合理。

我已论述了各种理由，这些理由都是建立在那篇文章的出版会对您的利益造成损害的假设之上。但这些理由我个人是不赞同的，或不相信的。您受到了一些情绪的干扰，这些情绪同我自己及我最敬重的有才之人想的完全不一样，我们想的是那种睿智、有道理，同人类的道德本性达成和谐的情绪。要是您不受某些情绪的干扰，您就不会这么想了。请注意，我不是说在现实中您的想法比我的要低劣、偏倚、笨拙。我的道德标准不一定就好，但只要是自己的道德标准，我就必须坚持到底。使尽浑身解数让您透过我的眼镜看事物其实没什么用处，因为（除开这样一个事实，即由于折射和反射的准确度问题，我的眼镜度数可能跟您一样，可能比您的要高）没有人能立马改变自己的想法以及自身对生活的感知模式。不过我真的希望您能明白一个事实，那就是，我认为（尽管这个想法可能是错的）我同意您发表文章已等同于给了您莫大的好处，而其实我是不应该用您提议的方法做这样的事情的。我有权从您口中听到您说我真诚且坦率地接受了您的想法。以您对我的了解都不足以构成说出这句话的理由，那我只能说这世间，人们对彼此的了解也并不能构成获取信任与信心的可靠牢固的理由。那么，永别了，所有的信任；永别了，这世上所有最宽厚仁慈的一切！

现在，我必须谈论一个有关未来的实际问题。您的事情一直都萦绕在我和洛夫莱斯勋爵的脑中。我们的所想同我们的所说一样真诚。我们商讨的结果就是我为您制订了一个计划，但目前我觉得还不方便告诉您。这个计划我要么会继续做下去，要么我会放弃，把精力、时间和文墨用到真理与科学的其他方面，但这一切都得根据您的回信来定。因此，我恳求您严肃地思考这样一个问题——我开出的条件您到底可以同意多少。我将全心为您服务，贡献我所有的智慧。请不要轻易拒绝我的好意。我说这些完全是为您着想，请相信我。

对自身的科学与文学能力的提升与训练，我有各种不同的方法，而且有些方法还颇具吸引力。不过我还是希望我的老朋友能拥有这份"优先取舍权"。

首先，我想知道，假如我继续帮您完成这个重大的课题，您是否会完全照我的判断行事（或者在我们有分歧的时候，照您现在推荐的调解人的判断行事），并且在所有涉及与其他人的关系这样的实际问题上您是否也会照我的意思行事。

其次，您能专心地、心无旁骛地思考所有应该做的事情吗？您能否把这当作一个主要目标，让其他的任何承诺都无法妨碍它？况且，有时我在面对难题时还需要您在脑力上帮助我、督促我。另外，您能保证不要再马虎做事、草率行事了吗？或者保证不要再把段落搞错，在文中制造混乱和错误了吗？

最后，假如在一两年内，我能在您之前想出制造机器的清楚且值得称颂的方案（这必须得到您推荐的调解人的准许），那您可不可以让我和我方人员帮您处理其他的事情？您就全身心地投入您的工作，其他的事情则根据您的其他朋友们同意的条件帮您安排好。

您肯定会对最后这个问题产生疑惑。但我强烈建议您，不要把第三条当作我的痴心妄想，因为您不清楚一些原因——我为何会认为这样的事是在我能力范围以内。在我确定更进一步帮您完成课题之前，我希望知道自己是否是为了没有目的或结果的事业而浪费了思想与精力。

与此同时，我必须公平、公正地审视我们之间的关系。我们两人有完全不同的动机，看待事情的方式也截然不同。对您来说有一个很麻烦的问题：由于图我这个特殊阶层的方便，让我来帮助您，您会思考该如何抵消各种场合出现的阶级差异的焦虑。我有自己坚定的原则，那就是尽力地热爱真理与上帝，而不是声望、名誉或他人的欣赏，并且宽厚仁慈、毫不动摇地相信人性的美好（尽管它常常处于休眠状态，隐而不见）。

您的原则也包括了热爱真理与上帝（没错，您爱得深刻，并非一时之兴），不过对名望、荣耀和名誉，您仿佛爱得更多一些。您肯定会否认我的说法，可是在您同所有人的交流之中（就我所知与所见），这基本上可以说是您的一个极其重要的观点。请注意，我没有谴责的意思，我只是在陈述自己对该事实的看法。这个事实可能很高尚，可能很美好，但这是另外一个问题了。

当然，我绝不会否认野心与名望对我产生的影响，我是最深受其影响的人。我个人对职责的看法如下：我应该把职责伟大、有用的属性放置于各种正确的关系中并对其进行从属排名，但我肯定不会自欺欺人，假装这份职责跟某个至关重要的动机及我性格和本性里的某个重要要素不同。

我希望能稍微再阐释一下万能的主及他的律法与事迹，为了人类能最有效地利用这一切。假如我能成为最有名的先知（这个词是按照自己独特的理解来使用的），我肯定会觉得这是一个莫大的荣耀。毫无疑问，我更喜欢以"恩主"这样的描述为世人所熟知，因为不仅事实上他与先知同样伟大，而且还能将晦涩难懂、被人遗忘的真相向世界各地传播。

与此同时我不太确定，若再过30年，我是否还会如此看重名望。每一年，我都会对造物主增添无尽的信任与希望，同时我与其他人的关系则变得越来越淡薄，但首相不包括在内。就这一角度来看，我觉得这样的关系每一年都变得越来越有意思了。从我目前与他人的关系来看，今后我无疑会更适合另一种等级的关系，也许同万能的主本人产生直接的联系。当然，至于社会交往，甚至是那种非正式的社会交往，我的观点是采取变通的手段，而且如果我的观点得到确认，我更会采用这样的方式行事。

我亲爱的朋友，如果您了解我经历的那些令人痛心的悲惨事情（经历的方式您不可能清楚），您就会明白我身上背负的某些负担是我对上帝和普通人持有的某些情感所造成的。您却只会微微一笑地说："可怜的小家伙，她对生活和罪恶一无所知！"

上述便是我的原则，也是我提出的条件（建立在我的原则之上），您可以按照这些原则和条件命令我，让我为您服务。现在我已一一陈述出来了。在系统而持续的脑力劳动中，我认为只有做到这样的程度，我们之间的理解和合作才能让彼此舒服。现在，一切尽由您来做决定。千万不要假装我俩的原则是完全一致的，它们并不一致，而且目前也不可能一致（正如我之前所言，人们的观点不会立刻就改变）。

您可以周一来这里待几天吗？我希望您能来。洛夫莱斯勋爵非常想见您并同您聊聊天，而且最近发生的事情他也想听听您的说法。可让他恼怒的是，还没来得及听您的说辞，他就必须搭周二的火车离开了。

很不幸，我需要您写的关于微积分函数的文章。请务必寄给我，因为我不太理解文章中的某些例子。

我大胆地在G部分的注释中插入了一个小小的脚注，但我不太确定这是否合理。我认为这台机器可以将整个有限差分法的内容囊括其中，我也提到了通过零差分法完成伯努利数的算法，此算法可被视为分析机程序的一个完美案例。希望情况的确如此。

很不幸，这封信到处都是墨点和修改的痕迹，但请您不要太在意这些。

我在想，您是否还会让这只"精灵小姐"为您服务。

您最诚挚的A. A. L.

1843年8月14日

奥卡姆庭院

阿达写信给母亲讲述了自己与巴贝奇之间的分歧。不过两人的分歧很快便消除了。巴贝奇写的前言没有被收录在

《研究报告》中，但他的观点以匿名的方式发表在了下个月的刊物上。对阿达提出的后续合作，巴贝奇没有答应。阿达展现出的诚实并没有破坏这段友谊，只是给它换了个样儿。但她基本上没时间再细想这些事情了，因为她要同家人一起前往阿什利科姆，巴贝奇也被邀请去那儿。

致拜伦夫人

……校订数学公式的打印稿是一份无止尽的麻烦工作，而且没人能估算出这项工作的麻烦程度，也不知道这何时是尾。但未来的前景让我倍感愉悦，因为成千上万的公式都将以各种不同的方式在我的笔下涌现。

我会给您寄几份复制稿（是从单独给我打印的稿件中选出来的），可问题是，稿件该寄到哪里，以何种方式寄出？……

目前我还不是很确定"巴贝奇事件"的最终走向。他写给我的信满是不友善的言辞。然而，出于各种原因，我依然愿意帮他完成课题，处理他的事情，只要我们俩相处和睦我就愿意这样做。因此，我也写信回应了他，言辞十分直接，在信中，我说明了自己的条件，如果他不答应这些条件，不管什么样的课题，我都不会再深入地与他合作了。不过他太想让我用文笔为他服务了，所以他多半都会答应，但我要求的让步是绝不会含糊的。

假如他同意了我提出的要求，那我可能会帮他摆脱困境，并助他完成机器的制造（过去三个月，根据我对他本人和他习惯的观察，就让他同意我的要求这件事而言，我觉得基本上可以对他不抱任何期望了，除非某个人给他施加有力的强制影响）。他有时会极其粗心、散漫至极。在接下来的三年里，我若能看到成功的希望，我必将心甘情愿地成为他的鞭策者。这里面有很多建议都是威廉提的（尽管威廉认为巴贝奇最近的表现应受谴责）。

[1843年] 8月15日星期二下午5点

圣詹姆斯广场

威廉非常支持阿达的《注释》。她写信给母亲说，威廉认为她的作品让他"在萨里郡的生活变得无比惬意快乐"。她在信中惊呼道："我的天！尽管我极其反对，他还是会把我的试印稿和校对稿拿给来我们家做客的朋友们看，这么做简直太无情了。这些文稿到处都是墨点，完全无法阅读！"

对阿达提出的要求，巴贝奇写信做了一番回应，这封信可能是他最常被引用的信件：

亲爱的洛夫莱斯夫人：

要等我有闲暇时间只能是白费力气，因此我决定将其他事情先搁在一旁，直接前往阿什利科姆，并随身带上足量的论文，这样我就可以将这个世界和所有的烦恼都一一忘掉了，可能的话，还可以忘掉这世上的各种骗子——总之我一切都可以忘掉，除了你这位"数字女王"。

唯一能阻碍我的事情就是母亲的健康问题。目前她的身体状况不是太理想。

你现在住在阿什利科姆吗？我若到你家，你还方便处理其他的事情吗？下周三或下周四，或者其他时间可以吗？我会从汤顿或布里奇沃特起身。你在阿什利科姆的家中有阿波加斯特的《求导算法》这本书吗？我会带几本对这个可怕的问题做了研究的书籍——这三大部分几乎跟那本著名的论著《三个骗子》一样让人摸不着头脑。所以，如果你有阿波加斯特的书，我就带其他的书来。

别了，我亲爱的、万分敬仰的翻译小姐。

您最真诚的朋友C.巴贝奇

1843年9月9日

位于阿什利科姆的哲学家小径

巴贝奇与阿达的合作遇到了一些严重的问题。

他们两人对各自的目标有何不同的看法?

阿达是怎样处理这个问题的?

虚荣心同他们遇到的问题有何关系?

两人又是如何重归于好的?

诗

意

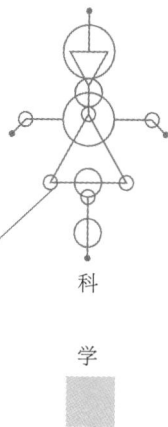

科

学

1843

分析师与哲学家,以及分析机:
阿达《注释》节选

力学之所以是机械科学的天堂是因为,

依靠它,人类可以收获数学的果实。

——列奥纳多·达·芬奇(1452—1519)

分析机

我是一名哲学家，令世间万物困惑——

飞鸟、走兽，还有人类，

可女人除外。

　　——巴贝奇在自传《一个哲学家的生命历程》的标题页
中引用了拜伦勋爵的这句话

　　第十五章是我于1991年写的，自从本章完成后，计算机世界发生了太多的变化。计算机概念的起源给人一种越来越遥远的感觉。但是，假如你能了解一些有关概念、起源的东西，你就可以更轻松地预测未来将会发生的事情。本章结尾的诗意科学涉及的问题是，你要怎么做才能为确定未来的走向尽自己的一份力。

　　巴贝奇对分析机的构想是计算机革命在概念上的发端。他的分析机由四个部分组成——输入、存储、处理、输出。输入是通过打孔卡完成的。打孔卡分为两个部分，一个部分叫变量卡，另一个则叫运算卡。虽然分析机没有我们现代意义上的程序，但通过这些卡片的排列布置，人们可以为分析机"编程"，让它从存储库中截取数字，不断地循环或处理信息。巴贝奇计划给机器的储存库输入1000个以上的五十位数字，这些数字的处理是在被巴贝奇称为"磨坊"的地方完成的。巴贝奇在自传中写道，数字信息的输出由三个不同的装置完成：有一个装置负责将数字打印到纸上；有一个装置负责制造指令表或计算结果的铅版纸；还有一个装置负责将计算结果打到空白的硬纸板上。

1984年，当我开始做有关阿达的研究时，有一些传言一直萦绕在我耳边，那就是第一张指令表并非出自阿达之手，因为巴贝奇之前已经把程序写好了。这样的传言随处可听到，常常被各种科幻小说、大众杂志和学术书籍提及，但这样的指控从来没有人会详细地解释。最终，我找到了巴贝奇之前编撰的指令表并对它们进行了一番详查。这些指令表制作得十分简易，完全没有阿达提出的伯努利数指令表复杂。多年后，巴贝奇在自己的自传中写道，是他把伯努利数指令表制作完成的，然而阿达在一封信中却写道，是洛夫莱斯勋爵为这些表描的墨。巴贝奇在检查指令表的时候遗漏了一个很容易被发现的漏洞，你能找到那个漏洞吗？

1999年5月，我同尤金·金为《科学美国人》杂志写了一篇名为《阿达与第一台计算机》的文章。这篇文章被翻译成了许多不同的语言。1999年7月，法国杂志《为了科学》收录了我们的文章。德国杂志《科学光谱》也发表了文章的德译本——这一定会让阿达感到兴奋，因为她一直想为德语刊物写文章。阿达的确应该被视为是走在计算机革命前沿的人物，而且这一观点也有论据支撑。

因为我为此书的标题设置了谷歌快讯，所以每天我都能收到许多封提醒邮件。每年的3月24日，也就是"阿达·洛夫莱斯日"当天，全世界许多人都会以写博客的方式纪念她。

巴贝奇写的关于分析机的内容有几千页，里面绘制了大量的设计图和图表。如果以这种形式阅读，信息的吸收或原型构建的证明都会很难完成。而且对还未建构好的系统的运行方式进行描述也是一项艰巨的任务（这部分梅纳布雷亚在自己的文章中已基本完成）。此外，在描述未完成的系统的同时，将该描述同系统的价值及其使用途径和滥用途径做关联性阐释也是一项难度不小的任务，但这项任务至关重要。比如，人们曾在1940年对核能的力量、其潜在的使用价值及可能被滥用的途径做了一番清晰的论述，时至今日，这些有关核能的论述依然颇具意义。阿达的《注释》发表至今已有150多年了，即便现在再看依然觉得发人深省，尤其在以下三个部分的相互作用上——计算机、核能以及我们想知晓科技的本质及其后果的迫切需要。

巴贝奇提供了分析机的概念与设计图，作为分析师和哲学家的阿达则从微观和宏观这两个层面为分析机的概念与设计图建构了合适的背景。她也会问一些普通人（非职业的数学家、科学家、软件工程师）常问的问题，通过问这些问题，她教给了我们一套方法论和一门语言，让我们能掌握一项科技创新的内容与概念。综上所述，阿达将两种技能加以整合：一个是从语言到数字的推理与分析的数字或科学技能，另一个是运用想象力与隐喻的诗学技能。

阿达撰写的《注释》预示了现代计算机的功能及计算机的发展会对科学语言产生的影响。《注释》的目标阅读群体是维多利亚时期受过教育的读者，对今天的人们来说，它的内容也许没那么吸引人了。感兴趣的读者可以去找原文阅读，而且这些原文已经被印成了好几本书。本书中的节选文段只重点展示当时阿达探讨的部分问题，以及这些问题跟现代计算机和软件语言"*Ada*"的联系（为了区分阿达·洛夫莱斯与软件语言"*Ada*"，本章中所有的软件语言"*Ada*"均为斜体）。还有一点需要再次说明，那就是本章中《注释》节选文段的所有解释说明均为我和美国空军上校里克·格罗斯合作的成果，代表了我们的观点。

文段中所有的引用和页码均指代原《研究报告》中的相关内容和页码。这份《研究报告》原刊于由伦敦古物学会会员理查德·泰勒主编的《科学研究报告：国外科学学院和学

阿

达

：

数

字

女

王

术团体学报与国外杂志节选》[1]上，具体刊号为1843年（伦敦）的第3卷第29篇。图灵的军事工程师L. F. 梅纳布雷亚执笔的《查尔斯·巴贝奇先生的分析机概述》上也刊载了相关内容（日内瓦世界图书馆的1842年10月第82号期刊）。

阿达为自己的译文加了一条脚注，其中她强调了帕斯卡的机器与巴贝奇的分析机不同。帕斯卡的机器好比一个计算器，而巴贝奇的机器则可与现代的计算机相提并论。阿达还翻译了梅纳布雷亚的一句话来证明自己的观点："举例来说，帕斯卡的机器虽极受推崇却只不过是一件让人好奇的玩物，尽管这台机器展现了发明人强大的才智。就其本身而言，机器毫无实用性。它只能解决加减乘除四则运算……"阿达论证了梅纳布雷亚的观点，并为巴贝奇的分析机划定了清晰的界线。

节选自阿达为梅纳布雷亚的文章所做的脚注，第670页：

这句话似乎还需进一步的论述，因为从某种程度上看，它的目的是让读者惊叹——接下来的一段（第675页）与这句

---

[1] 这是一套系列丛书，由泰勒主编发行，发行时间在1837年到1852年之间。——译者注

话完全相悖。在此段中，根据作者的解释，能实现四则运算（＋、－、×、÷）的机器实际上也能实现每一种运算……这段解释是这样的：在一种情况下，实现四则运算是机器的基本起始点，而为机器提出的目标则会根据不同的情况将这些运算加以组合……一个的开始之处便是另一个的终结之点……

阿达在第687页的翻译中犯了一个错误，但巴贝奇和惠特斯通都没有发现。从阿达的通信中我们可以看到，惠特斯通负责的是翻译和注释的校订工作。"余弦"这个术语阿达并没有翻译正确。多年后，赫歇尔·巴贝奇修正了这个错误，可是他自己在修正时又犯了另一个错误（他把余弦写成了1/0）。虽然其他人很关注这件事并在打印错误这样的小事上大做文章，但我们还是应该更关心阿达实实在在地做了些什么。

巴贝奇非常喜欢《A部分注释》。在这部分中，阿达为分析机的概念划定了边界，并阐述了分析机具体的运行方式。她强调说，巴贝奇的第一台计算引擎差分机主要是用来计算和打印指令表的，而分析机在机械本身和概念上均是一次质的飞跃。

节选自阿达的《A部分注释》，第691页：

相反，分析机不仅可以将某个特定函数的值制成表格，它还可以拓展函数并为其制表。事实上，分析机可以被描述为带有不同程度的普遍性与复杂性的不定函数的物质表现形式……

至此，阿达着重叙述了分析机与其他计算机器在性能上的最大差别，那就是分析机既可以存储程序（运算序列或指令），又可以储存数据（信息值）。机器的新增性能会让用户觉得更可靠，对这一点，阿达已经有充分的认识并在注释中做了详述，另外她还具体、精准地解释了什么是储存程序，以及它是如何与用户的兴趣达成一致的。她对机器可靠性的认识颇具非凡的洞察力，因为这种"规范化"任务（我们今天称之为软件开发）的重要性到今天才被人们认识。

处理现今的大型问题需要使用通用的软件语言，由美国国防部于20世纪80年代早期研发的编程语言"*Ada*"极其精确地为这类软件开发（规范化）提供了便利。

在下一段节选中，阿达解释了软件开发的困难之处，也就是说，要将我们希望机器做的事情传达给机器是一项难度不小的任务。尽管承认有难度，她还是会对数学语言的精准度表示赞美。因此，在规范化上（如"Ada"语言）能达到极大精准度的软件语言也可以迸发出巨大的能量。

纵观阿达的译文我们会发现，她非常珍视像"力量源自有条理的创造力"这样的原则，我们也会因为她的思想而被深深地折服。不管是她分析师的人格，还是哲学家的人格，都无法将彼此击败，这两种人格潜藏着令人称奇的潜力，由此形成了一种协同效应。阿达本人便是强大、新颖的软件语言"Ada"的一个恰如其分的注解。这款编程语言展现出了诸多先进的特性，这些特性被主张用在具有结构性和重复性的软件工程过程里使用此类特性的系统构架之中。当今著名的软件工程师弗雷德里克·布鲁克斯博士曾预测说，"Ada"语言"最伟大的贡献将会是，把运用当今软件设计技术的，偶尔接受培训的程序员，全都转向使用这门语言"。

节选自《A部分注释》，第693页：

在这个例子中，由于缺少准确的对比，这些混乱、麻烦、矛盾的问题直到最近才在数学的研究中起了阻碍的作用……我希望解释一下我所谓的"运算"。我的意思是指，任何改变了两者或多者之间关系的过程，不管这种关系应归类于何物。此乃最具概括性的定义，能囊括宇宙间的万物……

读者也会意识到，运算科学的独特性质之所以很少被人感知，而且通常也很少被人详述的主要原因是，许多数学符号的标志的内涵已发生了变化。首先，运算的标志常常也是运算结果的标志……

其次，数字及数值的标志常常也是运算的标志，比如当这些标志为指数的标识时（2和3^2）……在分析机中……当意指运算而非数量（比如指数的标识）的数字被打印在了任一的纵列或一组纵列里面时，这些纵列会立马以一种独特的方式自主地开始工作……

阿达写给德·摩根的第一批信件中有一封讨论声学问题的信件，不过这封信没有被保存下来。德·摩根指导阿达查阅《彭尼百科全书》，让她在书上搜寻更多关于数学与音乐联系的知识。阿达最爱的依然是音乐，她一直在思考分析机会如何处理音乐的问题。我们将那些常常被引用的句子加粗。《计算机》的客座编辑丹尼斯·巴奇在1991年7月那期杂志上写了一篇引言（文章通篇都在讲计算机生成的音乐），他在引言的开篇中承认说，阿达是第一个提出用计算机处理音乐的人。

节选自《A部分注释》，第694页：

再次强调一下，除了数字外，分析机也可以处理其他的事情，只要我们能找到那种相互间的基本关系并用抽象的运算科学的基本关系来表达的物体，而且该物体也必须符合运算符号的运作机制和分析机的原理……比如，假设在和声学与乐曲中，声音的基本关系能够运用这样的表达方式并符合相关的机制与原理，那么分析机便可能创作出各种复杂等级或各种程度的严谨精美的乐曲。

阿达再次区分了数字和运算的差别。对她而言，深入阐述分析机是如何得出数字和符号（比如代数）这两种不同类型的结果并不是一件难事。分析机既能生成新的程序又能生成新的数字，因此它为信息的分析打开了一个广阔的新天地。

节选自《A部分注释》，第696页：

严格地说，之前的引擎（差分机）本质上只能算作一台算术机器，它产生的结果只局限在一个非常明确且有限制的范围内。然而分析机却没有这种限制自身能力的界限。分析机的性能与我们对分析法则的认知在范围上是同等量的，我们对分析法则的了解只需同机器的性能相绑定就可以了。其实，我们可以把分析机视为分析在物质与机械上的两种表现形式，而且在这个部分的研究中，我们真正的工作能力也将被调动起来，我们不用总想着要奋力跟上那些有关分析的原理与法则的理论知识了，因为分析机能更有效地处理这些事情——在我们能完全掌握分析机的代数和数字符号操作的情况下。

在17世纪，"想象力"与"幻想"这两个词常常被人们交替使用。然而到了19世纪，柯勒律治和华兹华斯在诗歌和对事物的探索上将想象力与创造的过程视为一物，因而想象力被当作了人类最高的技能。阿达沿着柯勒律治的道路继续前行，她运用自己的想象力思考分析机如何才能筑造一条通往"更高真理"的道路。在下面的文段中，阿达从形而上的哲学角度对分析机做了一番探讨，并阐述了它有助于科学研究的潜力。

节选自《A部分注释》，第696页：

有的人把数学视为一团抽象、不可变的真理，当它的内在美、对称性和逻辑的完整性被合为一体看待时，这三者会让所有具备思想和逻辑的人享有崇高的地位；这些人还认为数学给人类带来了深层次的利益，这门科学建构了一门语言，仅凭它我们就能恰如其分地阐述自然世界的各种伟大的事实，以及事物间不断变化的相互关系——不管这些关系对我们的感官而言是看得见的还是隐蔽的，是有意识的还是无意识的。总之，上述这类人靠着我们生存的世界一直走了下去：有的人将数学的真理视为一种工具，凭借它即便低能者也能很快地读懂造物主的作品。那么可想而知，这样的人肯定会尤其关注那些有利于将数学原理转化成显而易见的现实形式的事情。

阿达不断地阐述分析机与差分机之间的区别，之所以这么做是因为，许多人批评巴贝奇，认为他应该继续差分机的研究，可他反而将精力花在了分析机身上。两者间的区别即便到今天还是有部分人觉得很难懂。

简单来说，分析机将打孔卡当作一种输入设备来使用，这跟第一台现代大型计算机类似。它有一个"储存器"可以存储数字。直到20世纪60年代中期，现代计算机存储的数字才同分析机持平。分析机还有一个能处理信息的"磨坊"，它跟现代计算机的中央处理器（CPU）很相似。

最后，分析机在实现信息的打印上有多种途径，它甚至还能以图像的形式打印出信息。"信息"一词的现代意义是无法编程的，机器需要在软件中利用打孔卡不断循环的特性来完成编程任务。阿达用了一个比喻来强调分析机的这个特征，她使用的这个比喻同她父亲可能会用的比喻一样精准。

节选自《A部分注释》，第696页：

分析机的显著特征能让机械装置配备上各种高超的技能，这些技能可以让分析机非常轻易地解决抽象的代数问题，而且该特征将雅卡尔为了在织布机上编织出最复杂的花纹而制定的原理引入了机器本身。雅卡尔的方法就是使用打孔卡来完成图案的编织。两台机器的不同之处便是在这里——差分机没有这样的部件。因此，我们可以这样恰如其分地说，分析机编织的是代数的花纹，雅卡尔的织布机编织的是花与叶的图案。

两台机器的另一个关键性差别是处理条件运算或"假设"指令的能力。分析机可以在人不干预的情况下完成"假设"指令，这一点是它同其他计算机器最为不同的地方。阿达意识到此特征是一次技术上的突飞猛进。分析机可以先计算一个命题，然后将之放到"储存器"中，最后得出答案，而且它还可以把我们获得的答案再用到另一个命题中。因此，这样的机器既有分析的功能又有整合的能力。

节选自《A部分注释》，第696—697页：

然而，运用打孔卡的构想出现的那一刻，算术的边界便被跨越了。分析机同其他只会"计算的机器"完全不一样。它独一无二，它闪现的思想光芒就其本质而言有趣至极。分析机让机械装置归并普通的符号，同时它也继承了无限的符号种类与范围，由此数字的运算与数学学科最抽象的分支需要用到的抽象的思维过程之间便建立起了一种统一的联系。为了以后分析的需要，一门庞大、有力的新语言被创立了出来。凭借这门语言我们就能掌握分析的真理，这样，真理就可以为了人类的需要而被更快、更精确地应用到实际中，而不是仅凭我们一直依赖的方法让事情变为可能。

节选自《A部分注释》，第697页：

接下来我们将论述差分机与分析机在运算模式上的另一个重要差别。想让差分机运行，你首先必须将一组数字放入纵列中，无论用怎样的指令表。这些数字构成了几个差分级的第一项。然后机器再把它们转化为数据。但这些数据必须经由人类大脑多次的计算才行……换句话说，想要获取数据（机器综合算出的结果就建立在这些数据之上），人脑必须参与到分析的过程中……而分析机则可以完成分析和综合的工作。

人们对分析机一直有这样一个疑问：这台机器究竟有何用处？对此阿达做出了回答。她重点说明了这台机器的实用价值。

谁才能够研制这台机器？让巴贝奇沮丧的是，没有一个英国人支持他的构想。为了让巴贝奇免受某些英国团体的攻击，阿达坚持不同意让巴贝奇把他自己写的前言放到《研究报告》中，因为他在前言中细数了英国政府不支持这个项目的种种原因。阿达写信给巴贝奇，告诉他这个行为无异于一次自杀。相反，阿达用激起大众爱国热情的方法来让英国人支持巴贝奇的构想。

1834年，她写给安娜贝拉和利维，在信中，她使尽全力想激起她们的团体精神。在第二段《注释》节选中，阿达利用大众的爱国情感帮巴贝奇的分析机招募支持者。她准确地预测说，如果英国政府不支持这个项目，那这个项目会"由其他的国家或政府插手完成"。

节选自《A部分注释》，第699—670页[①]：

那些倾向于极端功利主义观点的人也许会觉得，分析机的独特功能只涉及抽象的理论科学问题，而没有涉及普通人的日常利益。对科学的任何分支，这类人都抱着无用的想法（根据他们对"无用"这个词的定义来看），而且很可能他们也缺乏同情心，对这些东西也不熟悉。他们会认为，既然已经在研制差分机，那么再研制分析机就没有多大的用处了，不过徒劳一场，只会花费更多的钱财和劳力——事实上，这是一项多余的工作。但是，从功利的角度去看，我们也应相信分析机具有的广阔能力是可以产生弥足珍贵的实际结果的。假如我们还有讨论的空间，分析机产生的部分结果我们现在就可以略微提及了。即便其他的结果无法被预测，我们对科学与日俱增的需求和对分析机（假如它真的存在）能力的日渐了解也能帮我们得出想要的结果。

---

① 原文如此，疑此处页码有误。——编者注

节选自《A部分注释》，第700页：

差分机的完成或分析机的启动是一项艰难的事业。不管这项事业取决于哪个人，抑或哪个部分，我们都相信，最终这代人是不会只通过笔、墨、纸来了解这些发明的。为了能让我们国家在未来的历史篇章上书写荣耀，我们希望这项事业不要由其他的国家或政府插手完成。

读者可以在下面的引用文段中读到过去二十年间在软件开发领域内最重要的一次飞跃。这个构想有各种名称（有诸多的形态），如"抽象化"、"模块化"、"关注点分离"、"信息隐藏"或者"面向对象设计模式"。此构想的重点是将软件的"作用规范"同它的执行分离，而软件语言"Ada"则包含了能精确执行这种分离的新功能。每一个"Ada"语言的子程序都被分成了两个部分——"规范"（它能用其他系统的组成要素准确地描述子程序的行为界面，即子程序做了什么）和"文体"（它能指挥机器，让它做该做的事情，以影响子程序或子程序运行的方式）。分离功能让"Ada"语言具备了两个非常重要的性能：第一个是让基于"规范"部分运行的子程序完成早期的整合工作，在大型的系统设计中，这项性能是极其有用的；第二个是通过改变子程序的"文体"让系统升级，这样就能避免由于系统的改变而造成"波动"这种麻烦的事情了。

节选自《A部分注释》，第700页：

相反，M·梅纳布雷亚只阐述了有关分析的观点，他理所当然地认为，机械装置能处理特定的进程，却没有解释如何处理特定的进程。而且他主要解释和阐释的是这样一种方法，即，我们可以将分析法则排列和组合，这样在掌握了机械装置可能拥有的能力后，我们就可以把这台巨型机器的每一个分支内容取出来。很明显，在计算引擎的发明中，机器的这两个分支是调查研究的两个同等重要的场域，而且它们能否成功必须由两者间的相互协调性来决定。一方必须满足另一方的需求，这样一方若有能力上的弱点，那另一方的优势就可以弥补它。

节选自《B部分注释》，第706页：

我们越深入分析机器处理进程和获取结果的方式，我们越会思考它是如何确切地用真实、公正的眼光看待数学分析各个步骤的相互关系与联系的，以及它是如何清晰地将那些在现实中独立且有区别的事物分隔开，将那些有联系的事物

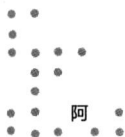

组合起来的。

查尔斯·巴贝奇将雅
卡尔织布机的打孔卡做了调
整。阿达不想仅仅只用言语
来解释描述，她建议那些想
看打孔卡和织布机如何工作
的读者去参观位于伦敦的两
个不同的机器展。巴贝奇改
装了打孔卡，让它更符合分
析机的运行模式，进而改进
了打孔卡给织布机下指令的

雅卡尔的织布肖像

方式。阿达将此改进同艺术联系在一起，再次运用比喻来强
调自己想表达的含义。

　　还有一点需要注意，经过仔细规范的软件（比如"织布
机卡"）能够以不同于原先设定的方式（比如"备份"）被
重复使用。对软件的开发而言，这样的"软件重用"技术无
疑提供了一个极其节约成本的方法，它不仅能节约重复开发
类似软件的费用，还可以让计算机使用经过测试的软件，省
去补救错误的费用。有些人预测说，整个20世纪90年代，软

件重用技术将成为主要的软件开发手段，软件语言"*Ada*"由于自身精确的界面规范和通用的子程序设备而将软件重用技术大大简化，因而它必将在软件开发领域起到领头羊的作用。

节选自《C部分注释》，第706页：

然而，打孔卡的应用模式（跟在织布机上使用的模式一样）对所有的简化程序而言还不够强大。为了实现分析机的功用，通过多样、复杂的必要过程获取这样的简化程序是一件值得去做的事情。因此，我们想出了一个方法，在技术上称之为"备份"：根据特定的法则将特定组群里的打孔卡备份。此增设物的目标是，在解决某一问题时，保证每次都能连续地使用特定的一张卡或一组卡……

有人提议，为了艺术与科学间的互惠互利，我们应该将此方法加以运用。虽然艺术与抽象科学没有产生任何明显的关联，但在原理的揭示上，艺术对科学的珍贵价值早已被世人证明。在独特的崭新应用领域内，凭借机械装置，这些原理可以更完整地将代数的联合体安放好，这比交叉的思绪所能承载的各种复杂的事情还要完整。如果将备份系统引入雅卡尔织布机，那些照不同方法完成的对称图案可能只会用到几张打孔卡。

《D部分注释》的图表

在《D部分注释》的第一个节选文段中，阿达推荐我们使用指示符号——现在这是一项基本技能，在处理常规的数据结构时，它能减少其复杂性。所有的软件语言和计算机硬件都会为"指示迭代"提供便利。为了深入阐释这一概念，阿达在《D部分注释》的最后加入了一个图表，描绘了机器是如何执行一组带有指示符号的指令的。

阿达的图表进一步"将梅纳布雷亚创制的符号'V_0、V_1、V_2'改良……基于符号的下标，让它们代表位置。但同时她也引入了上标'^0V、^1V、^2V'，让它们代表变量栏的状态。给定某个数字的任一纵列会被标记为'^1V'，如果数字在运算时发生了改变，那该数字就会相继变成'^2V、

^{3}V'……洛夫莱斯夫人重新做了标记符，这样上标的标记法就显得更合情合理了……把结果标记成'$^{m+1}V_n=^mV_p+^mV_n$'，要比之前混乱的'$V_n=V_p+V_n$'好得多"。

第二篇节选文段讨论得更深入一些。阿达在讨论指示符号的时候提出了一个假设，也就是通过单一的时序指令流来控制分析机。在第二篇节选文段中，就"多并行指令流"这种极其复杂的技术，阿达提出了自己的真知灼见。由于可能性条件必须被纳入考量范围的数字暴增，针对这种并行和同步指令流进行的软件开发技术让目前的计算机技术水平备受压力。

节选自《D部分注释》，第709页:

用这种类型的指示符号会带给我们几项优势，不过这些优势我们可能不会立马就感知到，只有那种习惯追踪连续性步骤（分析机靠这样的方法完成自身的使命）的人才会立马感知到。我们在这里只能大致地说一下。图表的所有符号由于这些指示符号的存在而更具连贯性，因为在某些情况下它们能标注出不同点，如果没有它们，图表中就会出现一致性明显混乱的倾向……很明显，指示符号提供了一个强大的方法，既能查到任一结果的起源，又能标示有关"逐次代换"

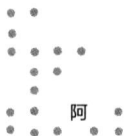

阿
达
：
数
字
女
王

的各种情况……

在《D部分注释》的节选文段中，阿达提到了分析机既能并行又能独立活动的部分。这离拥有能同时相互作用的（一直处于控制之下）巨型表达式的多并行整体分析机只有一步之遥了。

节选自《D部分注释》，第710页：

很明显，这样的操作所涉及的考量之处是极其多样的，而且相互间也是何等的复杂。通常，不同的几组效果会同时行进，全都以一种独立于彼此却又或多或少对彼此产生影响的方式。想让它们适应彼此，甚至绝对正确且成功地理解并描绘出它们，是一件困难的事。在某种程度上，这些困难的本质都带有这样的特点——它会涉及每个包含大量复杂条件的问题，比如对统计现象中事物的相互关系的估计，以及对涉及其他类型事实的事件的估计。

在《E部分注释》的节选文段中，阿达详述了分析机是如何计算三角函数的。接着，她将之前用到的关于编织和对称的描述进行延展以强调“循环”这个概念——它是分析机和计算机的程序的概念性组件。

节选自《E部分注释》，第716页：

……如上面的例子所示，哪里有一般项，哪里就会出现运算的"重复组"。出于简洁和区分的目的，"重复组"又被我们称为"循环"。我们必须这样理解运算的循环，它表示任何一组运算都经过了一次以上的重复。不管循环了两次还是无数次，这都是"循环"，因为事实就是这里有重复的出现。在许多有关分析的例子中均存在一个重复组，即一个或一个以上的循环——这就是所谓的循环的循环……

节选自《F部分注释》，第720页：

雅卡尔有一幅织布肖像，非常漂亮，需要24000张打孔卡才能完成。

M·梅纳布雷亚在译文的第680页提到了"重复"卡的功能，《C部分注释》更完整地阐述了这一点。"重复"卡能极大地减少所需卡片的数量。很明显，只要有"循环"出现的地方，这种机械的改良就有了用武之地……

纵观译文的所有内容，接下来的一篇注释节选可能最具争议性，因为作者拒绝接受"人工智能"创造原创知识的可能性。我们已把文段中最常被引用的句子加粗。整个文段精确且颇具洞察力地将分析机和计算机的局限与潜力做了一番总结。

节选自《G部分注释》，第722页：

我们需要防范有关分析机功能的夸张构想出现的可能性。在思考任何新事物时，我们一般先会高估自己觉得有趣或不同寻常的东西，然后当我们发现自身的构想超越了那些合理的东西后，凭借某种自然反应，我们会看轻事情的真实状况。

我们在此声明，分析机不能造出新的东西。它只能照我们的命令执行运算。它可以遵照分析运行，却不能预先思考分析的关系或原理。它的职责就是帮助我们把我们早已熟知的东西弄到手。当然，这一点主要是通过机器的执行性能来实现的，不过这很可能会以另一种方式对科学本身造成间接、相互的影响。如果以这种方式归类和整合分析的原理和公式，那它们会非常容易且快速地受分析机的机械组合体以及各种事物的关系和本质的支配，因为科学必然会被放置在新的视角下，被人们更为充分地剖析。这明显是此发明造成的一个稍具推测性的间接结果。然而很明显的是，当为数学的真理建立一个可以记录本身并将本身投入实际使用中的新形态时，人们可能会基于一般原理推导出某些观点，这会反过来影响事物的理论发展形态。除了已经实现的主要、基本的目标，在人类力量的所有拓展部分或人类知识的附加部分，还存在各种各样的间接影响。

阿达《注释》的伯努利数

巴贝奇也认识到了阿达的重要性。阿达去世后，他写了一封信给阿达的儿子拜伦，在信中他说："在梅纳布雷亚先生的《研究报告》及你母亲附加的那些精彩的注释中，你会发现他们对分析机功能的阐述展现出了一种全面多维的视野，而这是这世上的数学家们还未展现出的一种视野。"

在《一个哲学家的生命历程》中，巴贝奇用总结的语句对阿达的贡献表示了高度的敬意：

我们就各种各样可能会被采用的图表进行过讨论：我提出了一些建议，但采不采纳完全取决于她。用代数方法解决各种问题亦如此，但跟伯努利数相关的东西除外。在这方面，我给洛夫莱斯夫人提供了帮助以减省她的麻烦。之后她又把这些东西寄回给了我，让我修改一下，因为她查出了我在计算时所犯的一个极其严重的错误……这两份合起来的研究报告为那些能够理解完整的论证推导过程的人提供了帮助——分析的整个推进和运转现在可以由机器来代劳了。

至于分析机的命运，巴贝奇在1864年的自传中展现了自己的某种乐观情绪：

如果我能再多活几年，分析机必将成形，并且它的成果必将传递至全世界……如果没有我所留下的这些知识财富，人类可能半个世纪后仍然不敢去尝试这样一项几乎看不到希望的任务。

第一台能运行的计算机还要再等70多年的时间才会出现。截至1991年，计算机硬件和软件工业已是全球的第三大产业。在1990年的修订版《一种计算机视角：计算机时代的历史背景》中，I. 伯纳德·科恩写了一篇精彩的引言，他在文中说道："更令人震惊的事情是，计算机从迷你版发展到微型版，最后竟出现了多功能机器。它在不同的领域内均发挥出了应有的作用，比如工业、商业、银行业以及自然科学和工程学。20世纪50年代早期甚至于后来，基本上没有人能预测到，人们竟能设计并制造出这样一台多功能机器，高效便捷地为商业和工程学领域服务。"

但是，阿达早在1843年就预测到分析机能达成两方面的目标：一个是形而上的科学目标，另一个是有实用价值、具分析功能的工程学目标。鉴于她为计算机领域所做的贡献，她应该被授予"计算机先驱"的头衔。斯塔福德·比尔在《从鹅卵石到计算机：连接线》一书中阐述了自己对阿达所做的贡献的看法："洛夫莱斯伯爵夫人奥古斯塔·阿达乃英国诗人拜伦之女——她也许比巴贝奇本人更能看清这一切……最终会走向何方。"

1992年4月，迈克尔·斯韦因在《多布斯博士期刊》中写道："严谨与艺术，科学与诗歌：在阿达短暂的人生中，她的思想被这些具有冲突性的重任激烈地拉扯着。阿达的人生就是上述冲突和由冲突产生的各种事件综合体的带有自我意识的原型。"

阿达位于圣詹姆斯广场住宅的纪念碑匾

第一个活动非常简单。阿达喜欢问假设性问题。拿最新的电子设备手机为例，对于它的功能，你会提什么样的假设性问题？

我怎样才能设计出一款符合自己需要的科技装备？

我怎样才能像阿达一样写出一份可以指导别人使用该设备的简单方案（比如指令表）？

诗

意

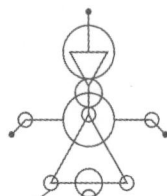

科

学

1843 1844

第十六章

《精灵指南》；"爱进行哲学思考的孩子"；"笼中之鸟"

1843年9月初，阿达拿到《研究报告》后立刻将其寄给了各位好友，包括对她的成就赞不绝口的萨默维尔夫人。她还把自己的"心血"寄给了拜伦夫人，并请求母亲月底带她去科里弗顿旅游。收到巴贝奇的表扬信后，阿达写了封回信，表示期待他能来做客，同时也欢迎月底查尔斯·惠特斯通的到来。

致查尔斯·巴贝奇

亲爱的巴贝奇：

您的来信令我受宠若惊。洛夫莱斯勋爵和我面带微笑地读完了您的信。请原谅我把信给他看了。因为我非常高兴能得到您真心的鼓舞和赞美，所以忍不住想跟他分享这种喜悦。我把德·摩根的那封信寄给您了，他对我的文章予以了肯定。我从未奢望他会看我写的那篇拙劣而稚嫩的文章。

您明白我把这封信寄给您，代表我毫无保留地信任您。德·摩根先生没准不愿让您看他写的关于发明两种机器的相对时间的评论。我打算告诉他在这个问题上我的观点是怎么来的。我无法形容这封信让我有多快乐。

您竟如此喜欢《精灵指南》，堪称勇士！我建议您完全地、彻底地、毫无保留地让自己沉浸在那本书的魔法里！

1843年9月10日星期日

这时，阿达收到了一封来自约翰·肯布尔的信。约翰·肯布尔是著名的哲学家，也是一本哲学评论的编辑。他在这封信中表达的观点是，男女之间的斗争必须要通过举办一场比赛来一较高下。阿达对他定义女性能力的方式非常生气。之后，肯布尔表现出绅士风度，为自己低估女性的智力而道了歉。这是当下许多女性都关心的态度问题。阿达试图纠正肯布尔的偏见。她的命运会走向何方？巴贝奇离开前，阿达和他讨论过这个问题。之后，阿达给母亲写了封信。

给拜伦夫人的一封信

今天早上，读到您那封信的开头我就惊呆了，没想到我的想法（在上一封信中已提到）和您在信中表达的原则竟达成了一致。当时，我忍不住对巴贝奇惊呼"这简直棒极了！"我还跟他说了目前的情况。

但是，这几个月和这几周以来，我遇到了一些大事。我暂时还无法处理这些事，但通过这些事，我明白了我应在合适的时间去找准解决问题的方法，否则事情会一件一件地累积起来。我害怕去发挥自己胜过他人的长处，这是我极其不愿意承认的事实。实际上，我有很长的时间都认为这是异想天开的想法。现在，站在新世界门口的我完全是个新手。我觉得我最好是谦虚地等上帝来教我，或者不期待有谁能教我，只要能紧跟其后就行了……我的能力尚未成熟，习惯和行事原则还太过幼稚……

在我还没有变成万能的主的女祭司，还没有能力向更高水平迈进之前，我还是继续做巴贝奇分析机的女祭司，安心地在他那儿做学徒吧。一个人有无数个习惯。许多人都是先有了习惯，再有了原则。而我呢（做事总是颠三倒四，我想我出生时肯定是脚先落地的），已经有了原则，却没有自己的习惯，或者说有坏习惯（没有一个好习惯）。

所以在我认为自己能够做某事之前，即使十分不愿意，我也要听从自己的原则养成好习惯。

顺便说一下，我现在病得很严重……不过我相信这一切都会过去的。

[1843年] 9月15日星期五

阿什利 [科姆]

阿什利科姆的塔楼

威廉在阿什利科姆主要忙活这几件事：种树，美化环境，无休止地建房。这时，他开始修一条供仆人雨天通行的地下隧道。他还用粉色的砖建了一座塔楼。阿达本来还担心威廉在那儿会觉得孤独，但得知萨默赛特的邻居安德鲁·克罗塞带儿子上门玩过后她的忧虑就打消了。克罗塞在做电流实验，以行径古怪而闻名。因此，威廉觉得很烦恼，他并不喜欢克罗塞父子的陪伴，又不知道该怎么开口拒绝他们。

阿达想多陪陪威廉，跟他一起去探索乡村，无奈威廉一门心思都用在了建房上。令威廉高兴的是，阿达逗得拜伦夫人越来越开心了。威廉和拜伦夫人都把阿达当成"宠物鸟"，认为阿达完全在他们的掌控之中。毕竟，她还不清楚自己的才能究竟能用在何处，也不知道自己的兴趣能发展成什么样。她一直在摸索适合自己的路，却总是受到病痛的阻挠。看到孩子们，尤其是安娜贝拉渐渐长大，她感到些许安慰。她写道："你无法想象我有多喜欢这个爱进行哲学思考的孩子。假如她不甘于只做一个默默无闻的女孩，而是成了一位哲学家或数学家，那么不管她的身体是男是女抑或是中性，我都会爱她的头脑。"

拜伦夫人给阿达的孩子找了一位新的家庭教师威廉·卡朋特博士，这样阿达就能全身心地投入自己的工作中。这之前，罗伯特·诺埃尔曾提议让克莱默当家教，不过大家没有同意。协助卡朋特的还有库珀小姐和其他教唱歌、骑马等活动的老师。卡朋特是一名神论者，也是一名物理学家和大学教授，发表过几本有关哲学和无意识心理学的著作。拜伦夫人将阿达带到卡朋特面前让他们互相认识。初次见面时，阿达表现得有点儿轻浮。卡朋特正犹豫要不要接下这个苦差事时，阿达立马开始详述各种条件和合作条款。开门见山，没有半句废话。

1844年初，卡朋特正式就职，阿达终于可以放下为孩子找家教的事情了。她对丈夫和母亲的态度取决于她承受的压力有多大，从亲人那儿得到的支持有多少，而且还要看她的身体状况如何。威廉以为阿达在戏弄他，非常恼火。阿达写信解释说她并不想伤害他的感情。然而，威廉并没有回复她。阿达不得不低声下气地求他写回信，哪怕几个字都行。在信中，阿达还叫威廉遛遛她的马"杰克"和"塔格拉格"。

阿达这个病的一个症状是浮肿。洛可克医生建议她，"首选锻炼加鸦片酊（要谨慎服用）的方法，这要好过再次放血"。阿达感觉治疗渐渐有了效果。此时，她将注意力转移到库珀小姐身上，因为库珀小姐把孩子们管理得有条不素。威廉主要是在教室里帮忙。阿达承认在教育孩子方面，威廉自有一套，不过，他还缺少一点儿耐心，而且他对安娜贝拉十分苛刻。虽然她并不认为威廉教育孩子的方法有多高明巧妙，不过她还是站在威廉这一边。因为她觉得威廉肯抽出时间就已经很不错了，而且从整体上来看，威廉算得上是一位合格的父亲。

1844年夏天，阿达忍受着牙齿"阵发性地疼痛"。她先去看了蓝泽尔医生，后来又去了布莱顿。布莱顿是阿达最喜欢的疗养地。即使身在外地，她也尽量满足家人的需求。她给威廉写的信充斥着哄人的语气，布满了琐碎的事情，她分享了自己在布莱顿海边的奇异经历，还展示了自己的泳衣。她还建议威廉修个游泳池，因为"你知道的，所有的笼中之鸟都需要一个能一头扎进去的大'茶碟'"。

阿达在撰写《注释》的同时也在思考自己能给后世带来什么样的长远影响。她询问了肯布尔对性别问题的看法。虽然今天，女性已经进入了各种不同的研究领域，比如法律、医学，但从事计算机科学的女性仍微乎其微。我

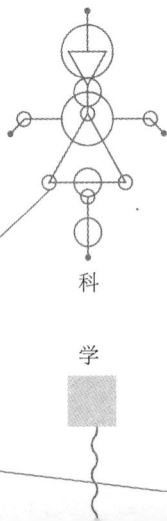

诗

意

科

学

阿

达

：

数

字

女

王

不确定这里该提合理的问题还是合理的解决办法，但下面还是有几
个问题需要我们去关注。

女性在计算机科学这一领域能有什么建树？

怎样才能让更多的女性和少数群体等参与到这一领域来？

如果有更多的女性投身进来，计算机科学这一学科的性质会发
生改变吗？

如果你对这些问题感兴趣，你打算怎样让计算机科学走向不同
的人群呢？

我听说了一段发生在加州大学伯克利分校工程学院的佳话：同
为电气工程与计算机科学专业博士的本·鲁宾斯坦和朱丽叶·鲁宾
斯坦在澳大利亚的一次国际青年科学论坛遇见了彼此。他们都毕业
于墨尔本大学，有幸的是都于2004年进入了加州大学读博。2010
年5月16日，本的导师彼特·巴特利特为他拨穗，朱丽叶则是由安
迪·纽瑞瑟为她拨穗。2010年夏天，本进入了硅谷微软研究中心工
作。他们的孩子于九月出生。我们估计那个孩子会是2032级伯克利
工程学院的学生。正如阿达写道："假如她成了一位哲学家或数学
家，那么不管她是男是女抑或是中性，我都会爱她的头脑。"

诗

意

科

学

1844

行星系统；不是蜗牛壳而是分子实验室；分子宇宙的牛顿

阿达一直在忍受疾病的折磨，因而有时她会思考人的心灵对身体到底能造成什么样的影响。医生给她开了很多鸦片酊，拜伦夫人却反对她服用这种药。1844年秋，拜伦夫人推荐阿达读一读哈丽雅特·马蒂诺著的《有关催眠术的知识》，说催眠术能减少她对鸦片酊的依赖，有利于肿瘤的治疗。

她把论文拿给洛可克医生看，让他说说自己的看法。洛可克得出的结论跟今天的许多医生的观点非常相似。他承认病人的心理对病情有影响，同时也怀疑超感知觉、灵魂出窍体验和催眠术是否能真的起作用。不过，他缺少证据来证明自己的观点。他怀疑病人"找不到这些方法的哲学依据时是否还会相信有奇迹出现"。他认为马蒂诺的文章反映出作者忽视了医药和生理学的因素。他总结地说道,一切"身体上的疾病都不曾或不可能靠催眠术来治愈,不过催眠术能帮助病人减轻痛苦"。洛可克给阿达又开了些鸦片酊。阿达吃后感觉浑身轻飘飘的,仿佛自己在现实中却又游离于现实。

阿达最开始考虑过催眠疗法,不过并不是母亲想的那样。1841年,阿达在做"先令"实验时以为自己被催眠了,当时她想叫钟摆按照她的意愿摆动。她甚至认为这就是解决她全部问题的关键,这种方法或许能够治好她的病。

阿达服用了鸦片酊后,整个人感觉仿佛飘到了外太空。她在脑中构建了一个有奴役与自由、有彗星与行星的宇宙,她甚至还要求母亲做其中的一颗行星。她想知道自己是怎么来到世上的,难道自己只是

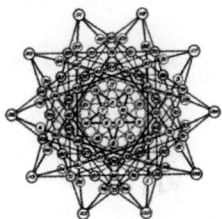
"魔法圈"

母亲贪图一时之欢的结果吗?她写了很多信,下面的文段选自1844年10月10日阿达写的一封信。信中她写道,自己飞向宇宙,因实际需求又回到地球,接着又要飞到外太空去了。

阿达写道:"安娜贝拉让我非常火大,我觉得她正处

于叛逆期……她无礼的行为惹恼了我，我决定给她点颜色看看。我相信等她长到一定年龄，了解我的脾气和性格有多厉害后就会好很多。她现在正处在孩童的听话时期和长大后的叛逆时期之间的尴尬阶段。我必须要立刻给她点儿教训。

所以，现在我最喜欢的是拜伦，最不喜欢的就是安娜贝拉，我对拉尔夫谈不上喜欢也谈不上讨厌。

我过去遭受的不公平待遇压得我透不过气了。我没有开玩笑。我常常提醒自己，对过去感到遗憾就是在浪费精力和宝贵的时间。正如我昨天写的，我就是因为自由散漫、放荡不羁惯了，所以现在才遇到了困难。

要是我是个奴隶（前提是我遇到了公平公正的主人）该多好！然而，我似乎注定要追求自由，在浩瀚无垠的宇宙中，注定要做一颗飘忽不定、四处流浪的星星，找不到任何星系的入口，也不会屈服某颗恒星。

不，我是个胆怯的，自以为是的小精灵，所以上帝对我说：'你必须为自己创造一颗太阳，否则你将在宇宙间永远地流浪！'此乃上帝发出的庄严的命令。

我觉得，这个想法可以被写成一首美妙的诗歌：《反叛的流浪之星》（不是流浪的犹太人）。我宁愿承认自己是一个自以为是的人，也不愿承认自己有叛逆的性格。我从来没

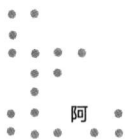

有叛逆过，这一点我必须声明。

然而，自由散漫到无法无天的地步是多么可怕啊！创造属于自己的太阳、运行轨迹和行星系统乃一次难堪的非难，希望不要有人嫉妒我，因为这种命运根本不光彩。但那只是假设罢了。

我越来越喜欢我身边这只'老母鸡'了，她比任何人都懂我在说什么、在想什么。我觉得她是唯一能懂我的，或者说唯一我想倾诉的对象。

如果我成功地创造了自己的太阳，那她会做那颗围绕着我、陪伴着我的行星吗？我会邀请她，请她认真对待这个问题。

我知道还有一个人和我聊得来——前提是他懂我的社交圈，有充裕的时间来了解我。你肯定以为我说的是洛可克医生。然而，他在某些方面还是无法完全理解我，因为他没有机会和信息去了解。不然，我相信他是能理解我的。所以，我希望您能让他做兄弟行星。

我想知道，我和谁有某种形式的亲密关系吗？如果没有，我希望在新的世界中有这样的事情发生。我们选择的轨迹相反，不过，这并不是我们缺乏亲密感的原因，两个人的性格差异才是最大的问题。我多么希望能获得他的尊重啊。然而，我认为自己还没有或者说不值得获得他的尊重。

好了，我已经将'老母鸡'和一匹'马'①任命为我的两颗行星了。我暂时不会再增加名单了。加姆伦或萨默维尔夫人可能是下一个候选人。但绝不会是巴贝奇，金博士更不行。不，我找不到其他人选了。

哦！我还得安排彗星。没有彗星，系统就不完整。天啊！我该找谁做彗星呢？我想我自己做行星外还可以身兼主要的彗星。没错，这样就行了。

我有我的忏悔，我的太阳、行星、彗星、等等，因此，即便我算不上一只聪明的鸟儿，至少也是只快乐的鸟儿。

我认为您生下我完全是想给自己的老年生活找点儿乐子。您大概不会觉得烦恼……"

阿达吃什么药成了一些小说和非虚构类作品中的一大谜题，这个问题引发了一些现代医学的讨论。洛可克医生给阿达开了鸦片酊，使阿达对鸦片酊产生了依赖。不过，《科学美国人》（1990年2月）杂志发表了研究报告，质疑了服用止痛或治疗绝症的鸦片酊容易上瘾的说法。如果病人停用了鸦片酊，在病人没有出现严重的停用症状的情况下，医生可不再开这种药给病人服用。阿达的情况也如此。缓解疼痛的鸦

---

① 分别代指拜伦夫人和洛可克医生。——译者注

片酊对阿达这类病人来说就像一块海绵，重病患者吸收过多
就很容易上瘾。

　　洛可克医生开的药剂量很大。他叫阿达服用"25滴鸦片
酊"然后卧床休息，如果效果不明显，三四小时后可再次服
用。阿达在信中说她的浮肿"奇迹般"地减轻了。她认为温
暖的天气有利于病情的好转，夏天晒晒太阳，冬天可以借助
电镀来治疗。

　　被病痛折磨的阿达找不到一条合适的求知道路。她最大
的烦恼来自卡朋特。她想解决这个问题，无奈威廉和拜伦夫
人都不配合。1845年初，洛夫莱斯一家打算搬到东霍斯利塔
的新家去。而去年，卡朋特刚花了一大笔钱在奥卡姆建了间
房子，拜伦夫人还答应帮他出这笔钱。如今，卡朋特和他的
家人在霍斯利都没有了落脚处。阿达坚信一定能帮他找到解
决办法。

　　阿达考虑过几个适合自己的科学领域。她放弃了分析
机，因为巴贝奇现在不需要她的帮助了。自从她撰写了《注
释》，与巴贝奇发生争吵后，两人的关系就变质了。虽然阿
达依然支持巴贝奇的分析机研究，他们的感情也越来越好，
但是他俩在技术上的合作却越来越少了。最关键的是，她不
得不将注意力转移到自己被病痛折磨的身体上。

阿达本可以发出呻吟抱怨来引起别人的同情，但她没有。她反而把这种痛苦看成是一次了解生理学的机会。她写道："事实上，有这么个多病的身体，我很开心。这等于是一间与我密不可分的实验室。只不过，我是在分子实验室里，而不是在'蜗牛壳'里活动。这里给我的生理结构研究提供了全新的视角，缓解了我的痛苦。"

迈克尔·法拉第

"多病的身体"成了阿达的兴趣所在。不过，她需要在专业人员的指导下做具体实验。迈克尔·法拉第的研究给她留下了深刻的印象，她也很高兴法拉第被自己"对知识的执着"打动了。法拉第认为阿达是科学界的一颗冉冉升起的新星。阿达认为自己是"降落人间的女先知，这种信念让我保持着谦逊和畏惧！"现在她的难题在于如何找到正确的研究方向。

"感觉在身体器官里的传播可能遵循着某种不同的法则。各个分子的运动方式或许是有差别的。造物主为不同的

感觉设计了不同的分子运动法则。由此便引出了一个问题。分子领域急需像牛顿这样的科学家，然而分子的本质又决定了这个愿望不太可能实现。这类发现（如果可能的话）只能通过某些间接的方法获得，同时它需要一颗能将事实推理和观察的习惯同丰富的想象力相结合的大脑，然而这种结合是极其罕见的。"

第一本书出版后，罗伯特·兰格里奇教授曾联系过我。他想用书中的一些材料作为讲座的内容。他还热情地邀请我去参观他在加州大学旧金山分校的实验室。阿达在本章中说，她住在"分子实验室里而不是在蜗牛壳里"，这个领域需要的是研究"分子宇宙的牛顿"。这一切表明她想做实验了。她可能跟我一样，都被计算机这种微生物学实验工具所具有的潜能震惊了。现今，许多研究工作都这么做。你能举出一些例子吗？

诗

意

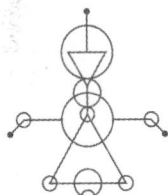

科

学

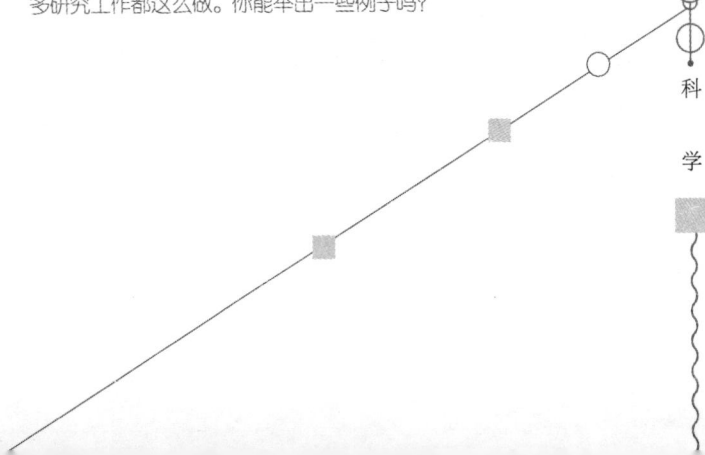

1844

第十八章

"神经系统的微积分原理";
一种热情的乱象;"叛徒";
太多数学问题

迈克尔·法拉第无法指导阿达做实验,一来他自己身体不适,二来他并不了解阿达的病情。他鼓励阿达用"健康的身体和年轻的心理"去追求科学事业和她的目标。阿达的某些症状被诊断成当时的流行病"胃炎"。赫斯特、安德鲁·克罗塞和法拉第都抱怨自己得过不同类型的"胃炎"。

阿达还在寻找自己感兴趣的方向,她常常跟格雷格分享自己的目标。格雷格总是给予她鼓励和支持。下面这封信表明她对马蒂诺理论的看法已经改变了。

致沃伦佐·格雷格

亲爱的格雷格：

今天不管写多少字都不足以表达我心里的感情，但我还是要告诉你"vol."简直太棒了。这是我一直以来的梦想，我还在想这个梦想何时才能实现呢。

此时，我一边在忙于准备安排写文章的事情，一边（很遗憾地说）正从胃炎的阵痛中慢慢恢复，不过恢复的过程非常不稳定。由于胃炎的原因，想说的都没法全部说给你听。

你一直惦记着我的事，帮我出主意，你大概不知道你对我的帮助有多大。你的所有想法都对我有直接或间接的影响，这等于对我的思想和工作提供了实质的启发和帮助。在这个节骨眼上，你的来信对我来说就是无价之宝。

所以在这个问题上，你无须顾虑太多，尽管畅所欲言……

我的愿望是有一天能够用数学公式表示脑现象，简单来说，就是用一种或几种简单的定律来表现大脑分子的相互作用（相当于行星或恒星世界的引力定律）。

……

L［洛夫莱斯］知道我的全部计划和看法，他并不觉得荒谬。就算这些计划本身不可行，但至少对研究过程是有益的。我最大的困难是在实验操作上。

要想取得预期成果，我必须要掌握一定的实验操作技巧，这样才能处理困难的部分：动物的大脑、血液和神经。

我敢说，总有一天我会成功的。就算失败了，至少我乐在其中。

我认为所有的生理学家都误入了歧途。但我说不出为什么。

你听说过马蒂诺小姐和催眠术吗？我相信这种方法有一定的科学依据。我读过她写的一些文章。

这些都会对我的研究课题产生影响。

我认为，如果数学家从正确的角度去研究大脑问题，他们就会发现大脑问题和恒星、行星问题和星体运动一样难。

我希望能留给后世一套神经系统的微积分原理。

不胜感激！

你永远的朋友A. A. L.

1844年12月15日星期五

阿什利科姆

1844年秋，阿达搬到了阿什利科姆，她的邻居是安德鲁·克罗塞。克罗塞是科学界和邻居眼里的怪人，阿达却将

眼光转向了他。科学家们谴责他宣传"自然发生说"，邻居们叫他"声音闪电怪人"，因为他在做晶体生产实验时，会用电磁发出声音。阿达对电流入了迷，迫切想了解这方面的知识。

克罗塞住的地方离阿什利科姆有20英里。他专程来阿什利科姆接洛夫莱斯夫妇俩去他家，可最后，威廉没去，阿达独自跟克罗塞走了。他们穿越了匡托克山。一路上，阿达迫不及待地跟克罗塞分享自己的观点，表达了她想做科学实验的愿望。克罗塞建议她将埃及古物学家加德纳·威尔金森爵士的作品翻译成德文。阿达很可能随身带着格雷格送给她的《造物自然史的痕迹》——一本讲述了物种起源的著作。她想等到了克罗塞家后同其长子约翰·克罗塞探讨相关的问题。阿达的天赋让巴贝奇十分震惊，他向威廉推荐这本书时问："这本书若不是她写的，那她到底读过没有呢？"

致安德鲁·克罗塞

亲爱的克鲁塞先生：

感谢您贴心的来信……我们希望您本月18号，也就是周一能过来一趟。两天后，即周三，我们要去布龙菲尔德。您大概从我的信中发现了，现在我对科学的痴迷胜过了以往任何时候。信仰于我就是科学，科学就是我的信仰。因此，我要潜心研读上帝的自然之作……当我发现科学家和所谓的哲学家满脑子都是自私的想法，妄图反抗境遇和天意时，我就会告诉自己：他们不是真正的神父，顶多算是半个先知。他们用眼睛阅读了作品，却从未领悟到这些作品的灵魂。对我来说，智力、道德、宗教是一个紧密相连的和谐整体……上帝是一个整体，所有被他称作存在的物体和感受都是一个整体。在我看来，大多数人还没有明白这个真理（这也是《圣经》体现的真理）的深奥含义。我们很容易将宇宙中存在的物质与道德的事实视作分离的、独立的群体。然而，万事万物都是紧密相连、不可分割的。关于这个话题，我可以写点东西……我还是稍稍跟您说下，有时我被病痛折磨得死去活来。我的病在布龙菲尔德还是老样子的话，我会在那儿住一段时间。那种情况下，我只想"独处"。我时不时地要用尽全身力气忍受疾病——主要是消化器官的问题，并不是一般的疾病……

您最诚挚的A. A. 洛夫莱斯

［日期不明，大概是1844年11月16日］

来到的阿达就像掉进兔子洞后走进一个崭新世界的爱丽

丝。克罗塞的家，也就是菲尼花园，可谓杂乱无比。现在，这座房屋已经被拆毁了，归英国国民托管组织所有。乡村风景神秘而宜人。阿达的注意力被安德鲁的孩子们吸引了。"家里的两个成员……都特别可爱，我原来不好的印象，对克罗塞夫人和他们的二儿子罗伯特·克罗塞的偏见，渐渐消失了。"阿达和约翰的关系一直很好，不过，在故事的结尾，罗伯特又再次登场。

阿达和克罗塞家长子约翰的关系是许多传记作家关注的焦点。他们把拜伦夫人对那段关系的描述视为珍贵的证据。然而，马克·吐温说过："真理很容易消失，谎言却能流传千古。"从第一次见到约翰起，阿达就被对方吸引了。他们的故事便是从初次相识的那晚开始的。阿达喜欢与约翰进行心灵交流，在约翰眼里，阿达并不是个女人，而是个充满好奇心的年轻男子。克罗塞家阅读、讨论"时间和空间"这一形而上的哲学主题，他们甚至忘了真正的时间和空间，直到凌晨一点才休息。

第二天早晨，阿达醒来后发现楼下空无一人，桌上也没有早餐。天气有点儿冷，她将自己裹在围巾和披肩里，这时她才想起来要给威廉写一封信。她在信中详细地谈到了约翰，称赞他是德国科学的专家。她的表亲罗伯特·诺埃尔就建议她往德国科学方向发展。至于有才的约翰，她如此说道："他要是我身体上的任一器官就好了，这样我就能了解德国的数学和自然哲学了。"她称赞约翰是一位杰出的数学家和哲学家，是一个"聪慧的，对自己有益的朋友"。

克罗塞家的房子设计得非常古怪，要去厕所就必须得经过客厅。这样，只要有人经过，其他人就全知道了。有时，他们会把厕所的门锁了，"内急的人不得不哭着找钥匙"。

阿达总结说："克罗塞家里毫无系统可言，甚至他的'科学'亦如此。至少给我的印象是这样的。也许是我搞错了，是我见识浅薄，无法找到他的体系。他说他自己正处在困惑和过渡的阶段……我又无法让他回答我想知道的东西。总之，没有次序，一切都是杂乱无章的。"第二天，她又写了一封信，信中她说道："毫无秩序。大家都是高兴去哪儿就去哪儿。你无法想象这一家子有多古怪。随时随地都有各种信件。我从没见过这样的……"

几天后，阿达离开了菲尼花园回到伦敦家中。在马车上，她一直在回想此次的旅行，顺便也给安德鲁·克罗塞写了一封信。

致安德鲁·克罗塞

亲爱的克罗塞先生:

今天早上,我找到了那只金色的铅笔,是在星期二晚穿的那件大衣口袋里找到的。我大概是怕丢了,所以睡前故意放在了里面。回来的一路上很悲惨,又冷、又黑、又无趣。我忍不住把斗篷借给了同行的一位女士,她的身体似乎比我还虚弱,比我更需要斗篷。不过,这么做也没能缓解我身体上的痛苦。很多次,夜幕降临后,我就想起你们家那种热闹的"乱象",真希望自己可以再回去。我想象着你们坐在一起吃晚餐的情景,猜测您是否会想我。总之,我想象着我走之后的那种混乱的场面,头脑中冒出上千种古怪的想法,这些想法伴着寒冷一直困扰着我……我没时间写下去了,也不知道该说什么。我那枚金子做的胸针不知去哪儿了,不过倒不是什么重要的东西。假如您发现了,千万别把它当成跟电有关的产品,请寄给我。以上便是我对你们那乱糟糟的家中各种各样的原子(有机或无机的)的真切回忆。

您永远的朋友阿达

[日期不明,大概为1844年11月28日]

阿达回到圣詹姆斯广场后没过几天,惠特斯通就来拜访了她。两人促膝长谈了将近五个小时，讨论的话题还是关于德国的科学。阿尔伯特亲王想当科学界和知识界的领头人，但关键的一步则需让德国顶尖的科学家将最新的信息传播到英国科学界。克罗塞已向亲王提过这个建议，惠特斯通也陈述过这个观点。他认为阿达也可以参与进来。他说："只要我能在接下来的几年中立稳脚跟，这件事便水到渠成了。亲王可能会找时间跟我谈科学的事情，到时候，我若能抓住机会，就能为科学界谋取福利。亲王想要的不过是一个能够出谋划策的人。我可以引导他通过各种渠道做出一番科学建树。"

阿达在写《注释》时，巴贝奇建议她将前言部分拿给阿尔伯特亲王看。结果，阿达很失望，因为前言里充满了对英国政府的批评。接着，惠特斯通又建议她重新尝试一种对亲王更有吸引力的方法。

惠特斯通支持阿达对知识的追求，还同阿达深入探讨了她可以尝试的方向。巴贝奇的路似乎走不通，不过他建议她试一试德国科学这条路。因此，阿达建议丈夫邀请约翰来常住，反正她是不会再去菲尼花园了。就连惠特斯通也说那儿是他住过的最古怪、最难受的地方。

电报的产生对惠特斯通来说是一件重大新闻，这也是技

术发明史上的一个创举。阿达在信中给威廉说："电报就设在南安普顿的铁轨旁。惠特斯通说我们只需花一先令就能发送任何信息，还能收到回复。电报终端的秘书会记下信息并将信息发送到各个地方。"

她继续写道："比如说，前几天我从布里奇沃特（假设该站已经有电报了）发送的消息在两秒后就传到了伦敦。'12点我到不了，恐怕下午2点才能到。晚点再派马车来。A. A. L. ……'惠特斯通说有时可以从这一端跟另一端的朋友聊天，试想一下，这该有多方便啊。这样就能叫任何一个人给另一个带话。比如说，我可以直接叫某个生意人去九榆站商量货物订单。瞧，多么神奇的中介和发明！"

惠特斯通的电报

阿达肯定读过1845年1月发表在《伦敦新闻画报》上的一篇文章。文中介绍了惠特斯通发明的电报，还提到了电报在破解谋杀案方面的作用。当时出现了很多发明，阿达想了解所有的新发明。要研究科学的最新发展，就必须要掌握最新的科学信息。然而，对一个女人来说，获取最新科学信息的渠道非常少。虽然萨默维尔夫人的半身像被摆设在了英国皇家学会,但她依然没有进出皇家学会图书馆的资格。阿达只好请求格雷格帮她这个忙。

她去伦敦时本打算同格雷格商量这件事,结果却惹上了闲言碎语。她发现自己陷进了一个谣言漩涡。此前,也有人传过阿达和弗雷德里克·奈特的谣言。这次的谣言可能是因为她刚去过克罗塞家的缘故。她跟威廉抱怨说家里有某个"叛徒"在散布谣言。

致沃伦佐·格雷格

亲爱的格雷格先生:

我本来打算明晚跟你一起去看看戏,可惜明天下午我必须离开伦敦。

我想请你帮个忙,不知道你方便与否。如方便,请考虑一下:

当初洛夫莱斯因为我的缘故加入了皇家学会,可惜我本人不能进去查找资料,白白浪费了这么好的资源。

我想以洛夫莱斯的名义进去查一些资料,你能否帮我问问学会干事?我知道你认识干事,你肯定了解他的为人,知道他是不是一个爱说闲话的人,也能帮我判断,他是否能懂我为什么要去图书馆，以及我打算如何偷偷地溜进图书馆。

这件事于我来说有着莫大的好处。我估计某个时间段内我不能去那儿会别人了。可能是一大早……

我现在和你一样全身心地投入到事业中了。这是我一直所追求的，陷得越深越好。

我正在查叛徒。倒不是因为我怕受到传言的影响，我何必为虚假的事生气呢。只是我实在无法眼睁睁地看这种荒唐的谣言继续传下去。

我肯定会查出那个散播谣言的坏家伙的，一定能找出家里的间谍。

一旦查出那个人，我会当面告诉他我们是怎么认识对方的（大概十年过去了）。我会平静地，若无其事地看着他，温和地讲给他听，毕竟在场有好几个人在听。这种时候恐怕没有谁比我更沉着冷静了，想想就觉得有趣。不过，母亲对我的想法一笑置之。

冷酷无情亦有好处。一切的侮辱和伤害都对我产生不了丝毫的影响。所以我才敢于尝试别人不敢尝试的事。

你永远的朋友A.A.洛夫莱斯

1844年12月5日星期四

圣詹姆斯广场

阿达刚准备进行新的科学尝试就又病倒了。这一次，她的症状比较明显。洛可克医生给她做了一次全面的内科检查，结果发现她"心情抑郁，需要关心"。另一位医生泰勒说"脓肿不大可能消失……而且不幸的是，长脓肿的地方下面还有一大片溃疡。脓肿虽然不严重，但和之前相比，似乎加重了"。勇敢的阿达忍受着常人无法想象的痛苦。疾病成了她在数学研究之路上的绊脚石，她给德·摩根的妻子索菲娅写信时，"至于研究，我现在连想都不敢想"。她总结道："谢天谢地，那个有关家人的警告其实是虚假的，至少，我对现在受到的折磨并没那么在意了。任何事都好过那个消息。"

阿达也不确定自己的科学研究会走向何方。她紧随科学发展的动态，惊讶于科学发展的速度。可

伦敦新闻画报

惜她的伟大理想却受到了身体条件的阻碍。

本书中的许多插画出自《伦敦新闻画报》。杂志中不仅有最新的新闻资讯，还有精美的版画。

诗
意

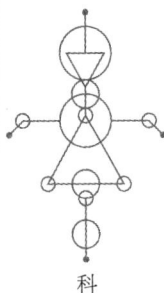

科
学

1845 **1846**

《造物自然史的痕迹》；安全服从；诗意科学

阿达把沃伦佐·格雷格当作知己，然而事与愿违。她以写《注释》用到的分析和抽象方法向格雷格做了解释，责怪格雷格不顾前因后果，随意推测她的想法。格雷格断章取义地理解了阿达的意思。阿达警告他不要妄下结论，就好比对待科学信息和普通信息时，不仅要重分析，还必须做出全面的结论，不能歪曲事实。她希望别人能用正确的眼光看待她的生活。

阿达对丈夫的感情摇摆不定。结婚十年以来，她早就接受了自己的命运，只是免不了有些遗憾。服用鸦片酊后，她觉得威廉宛若天使，可事实上，她不确定自己是否还"爱着他"或懂他。

致沃伦佐·格雷格

亲爱的格雷格：

我猜你已经收到上周二我从伊舍寄给你的信了。

我敢说，读完接下来的内容，你就会发现我是个不可理喻的怪女人。我得说，你根本不了解真实的我，也没资格评价我或者有关我的事情。拜托你不要折磨你自己了，也别再同情我了。我对婚姻以及《婚姻法》的理解很特别，至于特别在哪里我就不做解释了。你根本不知道我有多可怜。

在我看来，可能有一两个男人还不错，但没有哪个男人适合做我的丈夫。我就像某种鸟儿，只要关进笼子里就会奄奄一息。我知道，大多数男人都无法容忍这么自由的妻子。这种男人有，但毕竟是少数。所以，现在的我很满足了，这点可能与我之前说的有点矛盾。

对我的事情，请你保留全部观点吧。否则，你会犯更大的错。我在你面前展示的是最真实的性格和感受。我不希望自己成为话题的焦点，否则，就别怪我对你不坦诚了（永远）。

多年以后，也许你就会明白现在你无法理解的事实……我敢说，直到这会儿，你都还在以为自己多了解我呢。那么，我劝你最好还是先搞清楚这点吧。你下次来就会看到一个精神焕发的我，你还会发现L（洛夫莱斯）过得也很快乐满足。我怀疑你到时候会不会带着愉悦的心情满足地离开。

我知道，这一切对你来说肯定有些莫名其妙、变化无常。我得告诉你，你能想到的解决方法都没用。"因此，先生，就别苦恼了。"一切只是徒劳。你知道的，我是一只精灵。这件事没有别的解决方法。我不想找个凡人做丈夫，有时，对我来说他就是世俗的一抔尘土。但是，不管怎样，我是他这一生的守护神，我必须履行自己作为妻子的职责。然后，我有自己的想象世界，任何人都没有权利评价。

所以，我的好朋友，请保持沉默，不要自寻烦恼。我知道，我这个人不可理喻，除了这点之外，不要再想任何与我有关的事，也请让我按照自己安静、独特的方式快乐地活着。

你永远朋友的A. A. L.

［1845年］1月7日星期五

奥卡姆

致沃伦佐·格雷格

亲爱的格雷格：

这封信是我在母亲这里写的。今天早上，我收到了你友好的来信……

那天晚上，要不是你触动了我心底那根最痛的弦，我就不会向你透露我在过怎样无生趣的生活了。那根弦就是你暗示的在工作、婚姻生活，尤其是疾病方面的安慰。

我情不自禁地向你透露了许多事情，这就是一种残忍可怕的讽刺。我希望你别再提这个话题了，这个话题只会带来伤害，于我于你都没有益处。

别觉得这是个过分的要求。我感谢并理解你的感受和所有你说过的话。我这个人只会源源不断地给别人带去失望，一直都是这样。

最近我太懒散了，我必须要把工作捡起来。我不想无所事事地活着或把时间用在回忆上。这是真心话。

我希望带给洛夫莱斯更多幸福。他对我来说只是给我社会地位的人，除此之外，什么也不是。不过，这不是他的错。在他有限的理解能力范围内，他已经尽力了。他是个善良正直的男人。他就像我的儿子。我已尽最大的努力去爱他了，然而根本没用。事实证明，想的越少越好。

我常常故意好几个月不去想这件事。有时，我心里会产生一些可怕的感受。你根本不了解，不过你也无须了解。正如你说的，我有资源，我能做好的。然而，最近我开始变得无欲无求，任何事都觉得兴味索然。我在想我是不是该拼命工作，这样就没有多余的时间胡思乱想了。不行，我必须工作了。

可惜，我每年的时间都牺牲在孩子们的快乐中了。他们对我来说只不过是负担而已。可怜的孩子们！我觉得很对不起他们。至少，他们不会觉得我是个坏母亲，狠毒的母亲。

你会发现我还是那么快乐和健谈。

我并不比谁可怜，所以不要向我施舍无谓的同情。

我相信每个人或多或少都会有痛苦的地方。

你永远的朋友A. A. L.

［1845年］2月4日星期二

伊舍

致沃伦佐·格雷格

亲爱的格雷格：

我想你是真生我气了，至少，快被我激怒了。但愿你没有生我的气。至于你现在强调的一些观点（比如你说我不了解我自己，等等），我无法苟同。我的主张和观点肯定也说服不了你。所以我觉得跟你解释这些是毫无意义的。

我们必须把这些交给时间去解决。你是个明智的人，肯定会同意的。

很抱歉让你觉得我是个"善变"的人。你有这种印象，主要是因为你只看到了一部分的我，只了解我的生活和习惯中的一些方面。然而，假如你了解我的全部，你就会发现我并不是善变的人。

但是，我知道我这么说并没有说服力。所以我只能接受你眼里看到的我，那个我就像鬼火或其他某种无法描述的令人讨厌的怪物！

我只希望你别生气！当然，现在我的身体比你在这儿时好多了。在这一点上，或许你的判断是对的。

你永远的朋友A. A. 洛夫莱斯

1845年2月9日星期日

奥卡姆

1845年8月，阿达给她的会计沃顿先生写了一封信。她在信中详细地说明了她的开支，还将书法老师、书商、鞋匠和牙医的账单寄给了沃顿。她叫沃顿尽快把钱付给其他两个书商。此外，她还替在英国皇家学院学习的威尔士竖琴师支付了部分学费。她估计账单总额加起来不超过325英镑。威廉会付一部分，她也会找丈夫开口要这笔钱。这次，她罕见地在

阿
达
：
数
字
女
王

信件末尾署上了自己的全名奥古斯塔·阿达·洛夫莱斯。

　　阿达不得不面对自己的经济问题。一般人认为她是伯爵夫人，丈夫在萨里和萨默赛特拥有房产，母亲有丰厚的资产，肯定不会有经济困难。然而，这种推断是错的。

　　根据婚姻财产契约，阿达从母亲那儿继承的财产有一半要分给威廉。而威廉要从1835年开始，每年给她发300英镑的零用钱。卡朋特每年的收入是400英镑，比阿达多了100英镑。当时拜伦夫人的年收入是7000英镑，从她的存折可以看出，自从阿达结婚后，她每年只给阿达30到50英镑，最多不超过50英镑。

　　为了搞清楚阿达当时的经济状况，我查看了她银行账簿上多年的收支记录。从威廉给她的300英镑开始，她的存折上一直有消费记录。她买了些书，书的价格在当时是非常昂贵的，同时她还为某些社交场合买了一些衣服。除此之外，她还看了牙医，为孩子们请了教骑马的老师，为皇家学院的威尔士男孩支付了学费。

　　除了经济问题外，令阿达感到头疼的还有孩子们的教育问题。教育的难题又一次摆在她面前。拜伦夫人和威廉没有答应卡朋特提出的住房要求，卡朋特只好郁闷地离开了。库珀小姐还没走，不过她在孩子们身上花的时间越来越多，无暇做其他的事情。拜伦夫人带拉尔夫去了伊舍，并聘请赫福德当他的老师。阿达推荐的是罗伯特·克罗塞——这表明她改变了对罗伯特的看法。之后，安娜贝拉也去了伊舍，不过只在那儿待了一小段时间。拜伦被送到了金博士夫妇那儿。

前往布莱顿的路上，阿达一直在思考这些问题。最后，她决定平心静气地去面对这些问题。她的身体依旧是主要困扰她的问题，尤其是医生开的药影响了她的情绪。她在布莱顿给母亲写信说她的病是"三种因素"引起的："过度刺激、过度用药、过度锻炼。其中，锻炼是最致命的原因。"

对阿达来说，一切都悬而未决，尤其是成为"职业科学家"的目标毫无进展。她将自己对知识的追求转移到约翰·克罗塞身上。克罗塞向莫尔思沃斯的期刊《威斯敏斯特评论》投了一篇关于《造物自然史的痕迹》的书评。阿达在布龙菲尔德的时候跟克罗塞深入讨论过这本书，克罗塞写书评时参考了很多她的观点。她继续关注着最新的科学发展，向巴贝奇打听法拉第最新的发明。1845年12月，法拉第用实验证明当光线穿过一种特殊的厚玻璃时，在磁铁的两极之间，光线的偏振会发生扭转。

致查尔斯·巴贝奇

亲爱的巴贝奇：

我将约翰·克罗塞给我写的信附在这封信里了。约翰·克罗塞就是在《威斯敏斯特评论》上发表文章的作者。这篇文章被恶意刊登了，对此，他感到非常郁闷。

我专门留在这儿介绍你俩认识，但其实是为了转交这封信。您好心地为他的文章写批注，他却十分恼火。我在这提这件事似乎不公平，也无关紧要。

他已经离开伦敦了，现在还没回来。我打赌他会为这件事登门拜访您的。

我的身体正在恢复，现在好多了，但还不能工作。等身体再好点，我希望能开始工作。如果我的病情继续好转的话，我打算下周去霍斯利待几天，等十月再回来……

速盼回复。

[1845年] 9月2日星期二

布莱顿

致沃伦佐·格雷格

亲爱的格雷格：

我不知道你把我比作"野鸵鸟"（我认为是埋着头的鸵

鸟）是什么意思。我估计你指的是我不能一直过这种隐姓埋名的生活。但我有足够的证据证明我能做到。

我想，你大概误解了我想表达的意思。我的意思是，没人知道我在布莱顿的什么地方，周围的人都不认识我。住在这儿，当然没有人认识我，而且这附近的居民对我压根就没兴趣。

我习惯安静低调地做事。结果，我反而被当成了最不重要的人。

我知道你不相信我，也知道在你眼里我就是"不重要先生"，完全不能引起别人的注意。

詹姆森夫人和其他人都没有找到我。但是，我有更多的证据证明没有人怀疑我。

你真诚的阿达

［1845年］11月24日星期一

里普利·萨里的东霍斯利庭院

致洛夫莱斯勋爵威廉

亲爱的：

你简直是最体贴、最温柔的丈夫。你那封洋溢着爱意的来信（我刚收到）差点把我弄哭了，你说的话多么明智、多么温柔啊。

现在，我的情况比预期要好得多。头痛每六个小时才发作一次。昨天晚上，洛可克医生第二次来复查时看到我的好转也觉得不可思议。之前，他会亲自把鸦片酊送来，这次，他没有开鸦片酊给我……

亲爱的，请别让任何人骑我的马，我希望你可以先满足自己的需求。W勋爵是个非常好的骑手……把我的话转达给他。他准会对我这种吝啬的做法打趣一番……

［1845或1846年］星期四9点半

致拜伦夫人

……人在30岁以前（虽然我身体不好，但我能自信地说我还是很有活力的）进入学校的话可以学会任何东西。现在开始学习还不算太晚。

您觉得我们对诗歌、音乐、哲学感到满意吗？我觉得我什么都没学好，比如我没学好音乐，常常埋没了好音乐。

我想您不会赞成我所说的哲学诗歌的。那么顺序倒过来，您赞成我所说的诗意哲学和诗意科学吗？

［1845年12月之前，日期不明的信件片段］

诗意科学是阿达最擅长的方法——她能通过抽象的思维将诗歌和科学的不同方法结合起来当成一个整体看。从心理学的角度讲，这对她来说并不容易。她可以选择"安全服从"，接受自己的命运，承认那些"独立的空缺和梦想"是极其"幼稚的表演"。但是她的"诗意科学"能得到母亲的认可吗？

然而，阿达的母亲没有回应她的请求。母亲一直在给她施压，希望她在科学文化领域能有所建树。她不仅要打理日常生活，还要满足母亲、丈夫和孩子的要求。她把注意力放在现实生活中，却又时常想起自己和母亲的梦想和好奇心。

阿达会给巴贝奇寄一些秘密便条。许多传记作家在给阿达和巴贝奇写传记时反复分析过这些便条。其中，有几张便条还提到了一个女人，他们认为这是拜伦勋爵的上一个情妇特蕾莎·圭乔利伯爵夫人。这些写给巴贝奇的便条并不出乎人意料。阿达在17岁时上过戴奥尼索斯·拉德纳的课，这门课讲的就是巴贝奇的分析机。拉德纳既是巴贝奇的朋友，也是特蕾莎·圭乔利伯爵夫人的朋友。巴贝奇可能还见过圭乔利夫人。他跟拜伦夫人不一样，一点儿也不担心阿达见到特蕾莎。在接下来的几封信里，阿达提到的"伊塔利亚-伊塔利亚"大概指的就是特蕾莎夫人。

致查尔斯·巴贝奇

洛夫莱斯填补了托林顿勋爵介绍的民兵空缺职位。

我得了重感冒卧病在床，几乎说不了话。近四个月来，我得了无数次重感冒，感觉自己病入膏肓了。

希望您能过得更好。

您永远的朋友A. L.

［1846年］2月12日星期四

东霍斯利

附言：我本想把T勋爵①的信给您寄过去，但我忘记放在哪里了。

致查尔斯·巴贝奇

亲爱的巴贝奇：

希望周六早上我们能在伦敦一起吃个早餐，尽量9点左右到吧。

德拉蒙德来了，不过只有他自己，他的妻子和女儿都没来。

我猜您肯定想认识他。如果你们聊得来，他或许还会

---

① 指的是托林顿勋爵。——译者注

邀请您到奥尔伯里去。他应该会在25号星期二那天邀请您去吧。收到信后请尽快回信。

您永远的、最忠心的A. L.

［1846年3月18日］星期二

奥卡姆

致查尔斯·巴贝奇

我现在在圣乔治街52号，很快就能见到您了。洛夫莱斯想让您带我去见伊塔利亚-伊塔利亚夫人，但愿您知道她的地址。

有人跟洛夫莱斯说福斯蒂娜像我，他听了别提有多高兴了。

您真诚的A. L.

［1846年6月18日］星期四中午12点半

致查尔斯·巴贝奇

亲爱的巴贝奇：

今天早上没找到您，我感到有点绝望。

首先，您周一愿意同我们共进晚餐吗？这是我上周二问您的话。

阿达：数字女王

其次，我不知道要跟伊塔利亚-伊塔利亚夫人说什么，可洛夫莱斯希望能认识她。我只好邀请她周一一起吃晚餐。但是我自己不便开口，有人引见的话就方便多了。

我该怎么应对拜伦勋爵的事呢？我和洛夫莱斯都是支持他的。但是，这会导致我和其他女客人或整个社会产生摩擦吗？

总之，我想跟您谈谈，五分钟就够了。但是现在没有时间了，这便是问题所在。

我给您寄了名片（各种各样的）。拜托您下午帮我们送一下名片。洛夫莱斯觉得您这个朋友讲义气，愿意陪我（或带着我的名片）去见伊塔利亚夫人，有机会当面表达我们想认识她的愿望。我们在伦敦顶多再待四五天，对于如此仓促的安排，我们必须要向她道歉。

您永远的朋友A. L.

［1846年］6月18日星期四下午3点

11月底，阿达在阿什利科姆给母亲写了一封信，信中她说自己同威廉的关系大有改善。这大概是因为她离开伦敦去看牙医的缘故，此次看病的时机"正好"，效果也不错。她写道："'乌鸦'知道我要回去欣喜异常，这让我太感动、太高兴了。刚才我可能做了些蠢事，或发了一顿脾气。现在我感觉棒极了，他们对我的评价太言不符实……就在刚才，我内心产生了一股强烈的爱意和想念。"

　　"诗意科学"是这本书的副标题。为了阅读阿达的信件，我曾在牛津大学的博德利图书馆待了三年。这期间，我发现了一个未编入目录的信件片段。读完这个片段后，我的疑惑便全部解开了。这里再次引用迈克尔·斯韦因写的话："严谨与艺术，科学与诗歌：在阿达短暂的人生中，她的思想被这些具有冲突性的矛盾激烈地拉扯着。阿达的人生就是上述冲突和由冲突产生的各种事件综合体的带有自我意识的原型。"

　　她想用诗意科学解决万事万物之道。对她而言，诗意科学意味着一种方法与行事的整合。

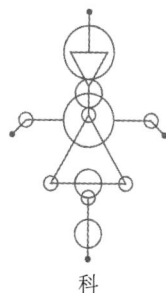

诗意科学

阿达：数字女王

254

1847 1848

第二十章

过渡阶段

拜伦夫人主动要求接手阿达孩子们的教育问题，这样阿达就可以心无旁骛地去追求她的"事业"。然而，问题很快就来了。安娜贝拉不想跟外祖母住在伊舍，而阿达也不太喜欢安娜贝拉的家庭教师拉蒙特小姐。在拜伦夫人的建议下，拜伦被送到布莱顿的金博士家去了。但拜伦很快便受够了金博士的福音派说教。之后，拜伦又被送到了莱斯特郡庄园。这个庄园在佩克尔顿，属于拜伦夫人的房产，目前交由查尔斯·诺埃尔打理。尽管有母亲和仆人的帮忙，阿达觉得孩子们总有接二连三的事情要烦她。

孩子们目前处于过渡的状态，洛夫莱斯家的三个住宅也没有片刻的安宁。1845年年底，他们一家搬到了东霍斯利塔的一处占地400平方英尺的住宅里。这间住宅的设计者是修建国会大厦的建筑师查尔斯·巴里爵士。看到这座建筑后，威廉受到了启发，开始着手重建——他建了塔楼和隧道，使原来的住房面积扩大了一倍。这期间，他们不断将书籍和生活用品打包再进行拆包。之后，他们从伦敦圣詹姆斯广场搬到了临时住房里——先是格罗夫纳广场，接着又搬到坎伯兰街。在巴贝奇的帮助下，他们终于在大坎伯兰广场上找到了住的地方。这个广场在一个新月形的街道上，和大理石拱门、海德公园只隔着几个街区。

东霍斯利塔

巴贝奇上门来做客，阿达和威廉都感到十分开心。他们在一起聊了几个共同好友的最新科学进展，其中包括赫歇尔、法拉第、惠特斯通和光学领域的先驱大卫·布儒斯特爵士。阿达和威廉鼓励巴贝奇继续研究他的分析机。不过，有时，阿达会因为自己理解不了巴贝奇所谓的"想象中的使命"而感到沮丧。阿达和巴贝奇之间的信件是"加密"了的，就像现在的电子邮件一样。

1846年12月，阿达收到了一封来信理查德·福特的信。理查德·福特是威廉·莫尔思沃斯爵士的弟弟。他在信中说，某次聚会他和巴贝奇刚好坐在一起，便聊到了阿达和威廉。福特叫阿达将他写的信读给威廉听，还说巴贝奇对威廉的建筑杰作赞口不绝。当时，威廉正在制造用于霍斯利塔餐厅的砖及用蒸汽完成的木拱梁。他还写了一些文章来介绍他的发明成果，包括一篇关于种植作物的文章。

接下来的几个月，阿达所写的信件都镶着黑边。赫斯特因为身体的原因和丈夫乔治·克劳福德爵士搬到了意大利。四月，她生下一名男婴后不久便去世了。安娜贝拉听到这个消息后感到十分悲痛。后来她回忆说自己最快乐的童年时光就是和赫斯特姑妈一起度过的。

阿达对安娜贝拉的家庭教师拉蒙特小姐仍然感到不满。

不过，拜伦夫人非常喜欢这位小姐。从银行存折可以看出，拜伦夫人也负担了一部分拉蒙特小姐的薪水。阿达太了解她的母亲了，拜伦夫人如果没有请到这个家庭教师，她便不会出这笔费用。于是，阿达只好找银行家邻居求助。

致亨利·柯里

亲爱的柯里先生：

我已经收到500英镑了。我要对您慷慨解囊的行为表示由衷的感谢。为了避免今后产生误会，我想在这儿重申我们达成的协议：

1. 每年我将支付5%的利息给您：从借款起到偿还贷款之前；

2. 我会先还您100英镑的本金（1849年5月1日），以后每六个月还100英镑。

因此，所有借款将在三年后的今天还清（1851年5月1日）。

我目前的尴尬处境是，我结婚时只得到了一小笔财产（考虑到我的遗产和地位）。这笔钱根本满足不了我作为洛夫莱斯勋爵妻子的花费。

这段时间，洛夫莱斯勋爵为修住宅和其他的事已经花了很多钱，所以我认为您提的建议不可行。我这会儿不可能开口向他要这么一大笔钱。当然，我完全可以指望他今后能帮我解决经济上的困难。

我相信您清楚我向您求助的两个特殊的原因：第一，我知道您为人大方，品德高尚；第二，我觉得找银行家借钱是最合适可靠的。

您忠诚的奥古斯塔·阿达·洛夫莱斯

1848年5月1日

大坎伯兰街19号

阿达找柯里先生借的钱直到离世前才还清。她用这笔钱给安娜请了一位新的德国女教师瓦赫特尔。1848年，她向约翰·克罗塞借了一些钱购置家具。她的经济负担主要来自孩子们的学费和威廉在建筑上永无休止的投入。

阿达特别关注安娜贝拉的猜想，并教她用实验去验明自己的观点。她还教安娜贝拉代数和音乐，并在信中写道："我认为安娜贝拉太聪明了，她的判断非常合理，感知非常灵敏。简直集各种天赋于一身。"阿达和很多父母一样善变，前一秒还吵着说她对孩子们不感兴趣，下一秒就流露出她的关心和骄傲。安娜贝拉喜欢狗和马，动物们也很喜欢她，这一点让阿达甚觉欣慰。阿达被安娜贝拉的艺术天赋，尤其被她画的那幅新家的素描画惊到了。不过，这幅画惹得威廉发火，因为画中塔楼被树遮住了一部分，而塔楼对他的重要性可不只是"亲戚、朋友"那么简单。

安娜贝拉画的东霍斯利塔

接着，阿达又开始为拜伦的事头疼。她试图找到一个永久的解决方案。拜伦不想和查尔斯·诺埃尔住在一起，于是1848年10月，拜伦决定参加海军。阿达担心孩子们各奔东西后会变得生疏，拜伦夫人则认为孩子们住在一起会互相带坏。阿达为孩子们辩解，努力纠正母亲的误解。她敏感而骄傲地描述每个孩子的个性，证明安娜贝拉和拜伦在一起只会从好的方面影响对方。事实上，阿达最不放心的是拉尔夫，因为拉尔夫和拜伦夫人住在一起。

巴贝奇比较担心这种安排，阿达也一样。她给母亲写信说，"拉夫尔应该写信感谢我给他买了书。可他没有。他很长时间都没有给我写信了，而我在收到他上一封来信时几乎立刻写了回信"。结果，拉尔夫变成了拜伦夫人忠实的维护者。巴贝奇预感拉尔夫和家人的关系会越来越疏远。

1848年的整个夏天，威廉都在写一篇关于阳光对农作物种植有何影响的文章。阿达从约翰·赫歇尔爵士那里得知了有关"云仪"（一种用来确定日光量的简单手工器械）的信息。她根据这些信息给威廉的文章添加了两个专业的脚注。

阿达给巴贝奇写了封信，在信中谈到了瑞恩和南丁格尔一家。瑞恩是巴贝奇的姐夫，南丁格尔一家的老老少少均是巴贝奇和拜伦夫人的朋友。1847年，洛夫莱斯夫妇邀请弗洛伦斯·南丁格尔和她的父亲到家里做客。吉莉安·吉尔在传记《南丁格尔家族：弗洛伦斯和她的家人》中写道，阿达非常欣赏和喜欢弗洛伦斯，她甚至写了一首诗来赞美弗洛伦斯身上"无与伦比"的特质。

查尔斯·巴贝奇也拜访了住在阿什利科姆的洛夫莱斯夫妇。从阿达信中的语气可以看出，他们的友谊比之前更牢固了。他们一起聊朋友的八卦，讨论各种游戏以及数学游戏的符号，巴贝奇还跟他们分享了自动"井字"游戏机的想法。他建议在集市上展览这个机器以筹钱制造计算引擎。他们的关系因为玛丽·威尔森而更亲近了——玛丽·威尔森是阿达为巴贝奇家聘请的女佣。不管到哪儿，阿达、玛丽和巴贝奇总是被各种狗包围。"天狼星"和"尼尔森"是阿达最爱的两只狗。

致查尔斯·巴贝奇

亲爱的巴贝奇：

听到您周三要来的消息我无比激动，我们会把布里奇沃特站里面的位置留给您。

您能把赫歇尔的《天文学》带来吗？我的那本留在了霍斯利，在这里没有，现在需要用到它。

您最忠诚的A. A. 洛夫莱斯

[1848年] 8月27日星期日

阿什利科姆

致查尔斯·巴贝奇

亲爱的巴贝奇：

自您走后，天空泪流不止。您走的那天早上，天下起了雨。之后，老天爷一直没放晴，连十分钟都没有。您回去这一路上肯定很悲惨。您不知道我们有多想您。就连狗和画眉鸟（斯普利特和哈利）都像丢了魂儿似的。

我这么快写信给您，主要是想告诉您洛夫莱斯还在郁闷，因为周四他来晚了一步，没见着您。当时，他追着您到旅馆，却看到您坐车走了。他在后面大声喊您，科特夫人拼命追赶你们，草坪上和天台上的人也跟着大喊大叫起来（以为发生了什么事儿）。结果，您和马儿都听不见他们的声音。我估计马儿差点又被这些叫声吓跑了。洛夫莱斯担心您会觉得他不重视您……

有时，我会顺便想想各种游戏和游戏的符号。有任何好的想法，我会告诉您的。但是目前还没有。

我估计10月10日，莫尔思沃斯会来这儿待一两天。我在焦急地等待您的回信。

您永远的朋友A. A. 洛夫莱斯

［1848年］9月30日星期六

阿什利科姆

附言：南丁格尔一家说您必须给他们写信。但是（因为您不会唱歌，讨厌音乐）我在想您要怎么给他们寄去一首通俗易懂的歌曲呢！

致查尔斯·巴贝奇

亲爱的巴贝奇：

希望您已经收到洛夫莱斯的包裹了（还有一封来自我这只"小鸟"的信件）。

"救生员"在这里很安全。我该拿它怎么办呢？肯定不能邮寄它（目前的邮寄系统还没有这项衍生业务）。

希望您看到上一期《雅典娜神庙》中对您和分析机的介绍后，您能跟我们一样高兴。我们觉得里面说得很公正客观。如果政府会回应，就交给政府吧！

一想到您要回到脏乱、无聊的伦敦，我就觉得心烦。要记得常来霍斯利看我们，这里让人觉得很舒服。

上封信中，您没有提"井字"游戏。我担心这件事就这么不了了之了。我真心希望您能发明点儿什么，尤其是那些会给您带来财富的东西。

直接回信给我吧，否则"小鸟"生气就不唱歌了。

"天狼星"长得更壮了，它依旧在骗取全世界的宠爱。

"尼尔森"现在更讨厌它了。

我想说的不止这些，但是我听见致命的"号角"（比如死亡）已经奏响，不给任何人多留一点快乐时光。

您永远的朋友A. L.

［1848年］10月18日

阿什利科姆

致查尔斯·巴贝奇

亲爱的巴贝奇：

……您看到有关美国天文学家米歇尔的报道（10月21日的《雅典娜神庙》）了吗？这则报道非常有趣，里面有一条关于科学永远得不到版权保护的评论写得特别好。

我们准备下周三出发去莱斯特郡待几天。

我不知道该怎么处理"特兰西特"。我不想丢掉它。上午11点倒还好，只是我们在这里有诸多不便。我估计任何人用肉眼都能看见它（就算戴上模糊的镜片也能看见）。因此，您提的任何建议都非常宝贵。

儿子给我写了两三封信，我发现他很有前途。他养成了观察的习惯，有敏锐的感知能力，还很会模仿。模仿是种难得的天赋，但无疑也是种危险的才能。我怀疑他就是先于兔子到达终点的乌龟。

"天狼星"老是不停地去招惹鸡群，它出门的时候，我们给它戴了口罩。

但是，它还是赢得了所有人的心，是我们大家包括严肃的伯爵（它的主人）的心头爱。它很受欢迎，招人喜欢。

老"尼尔森"不再干涉他儿子的事，变得冷静深沉了，开始对我献起殷勤来。"尼尔森"总是那么明智。

"波利"①怎么样了？

您知道吗，我的仆人竟疯狂到要把"天狼星"（还在快乐的旅行中）带到莱斯特郡去！试想那个麻烦家伙在旅店、车站遇到那些肮脏的畜生们会发生什么事吧，更别提它差点把诺埃尔夫人的鸡咬死，跟人家打了个平手的事了。不过，我相信在玛丽眼里，这个小家伙比以前更可爱、更完美了。

您永远的朋友A. A. 洛夫莱斯

［1848年］11月2日星期四

阿什利科姆

---

① "特兰西特"、"波利"以及上一封信中的"救生员"均是阿达与巴贝奇信件中的暗语。他们两人说的各种暗语读者在最后一封信中也可窥探一二。——译者注

致查尔斯·巴贝奇

亲爱的巴贝奇：

今天《雅典娜神庙》的深入评论非常不错。您跟墨尔本勋爵聊天时犯的小错误被轻描淡写地一笔带过了，这点非常关键。

我认为现在我们还不能做什么改变。

但是，我相信下周六就有空房间了。

目前为止，那个受惊的家伙还没开口说过话。

望下周六来。

您永远你的朋友A. A. L.

［1848年］12月17日星期日

霍斯利

附言：别忘了尽快寄给我您的重印版作品。我想充分地利用这些资料。

诗

意

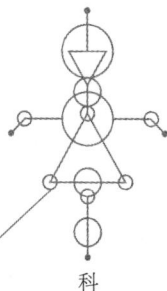

科

学

游戏是19世纪上层阶级最重要的一项娱乐活动。在制作伯努利数表时，阿达用指示符号来追踪指令表中的每一行数字。完成这个表后，她依

诗

意

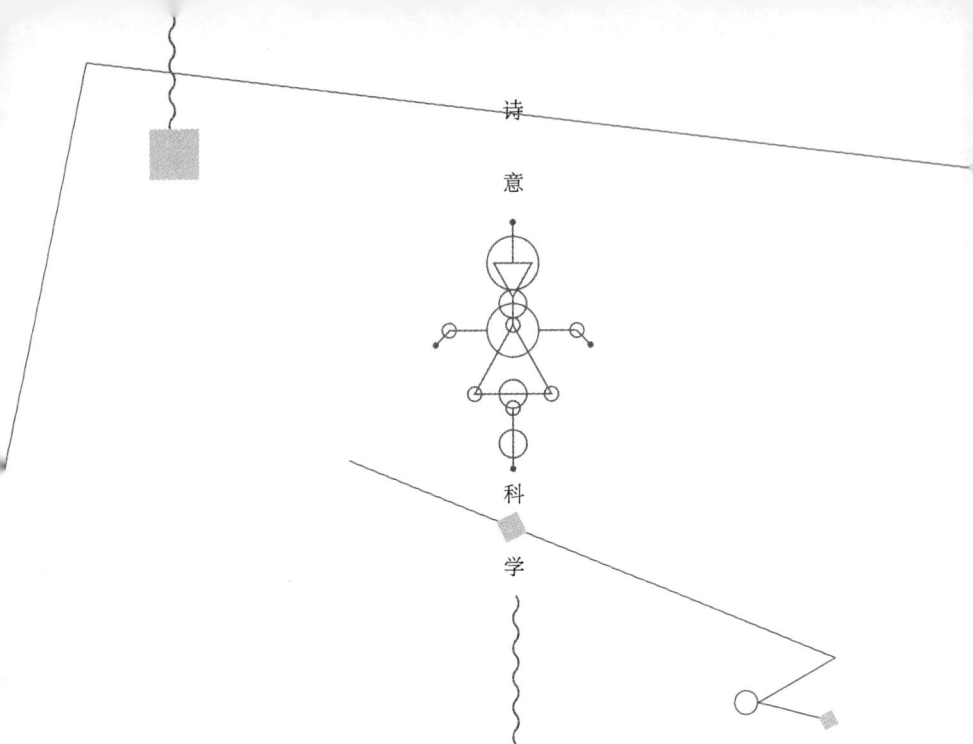

科

学

旧在思考这个表对"所有的游戏和游戏的符号"
的作用。

　　巴贝奇想发明一种自动"井字"游戏机。
我学习编程的时候，首先要学习的程序就是"井
字"游戏。

　　你会怎么设计"井字"游戏表呢？如果你一
步一步地去摸索，你就会发现这件事根本不难。

阿
达
：
数
字
女
王

1849 1850

"心脏痉挛"，再多活几年

虽然亨利·柯里借给阿达一笔钱，但对阿达而言，这笔钱依旧无法解决她的问题。1849年初，她的经济又陷入拮据。她想找格雷格帮忙，却有所顾虑。因为格雷格也是拜伦夫人的朋友，他很可能会在拜伦夫人面前说长道短。

阿达启程前往布莱顿，跟狄更斯约好在那儿见面。1849年2月18日，狄更斯给阿达写信说他住的旅馆发生了一件怪事，他问阿达是不是她在"纠缠"他，如果是，他写道，"我希望你别那样做了"。那时，狄更斯刚写完《董贝父子》和《被神缠身的人》。

拜伦夫人还在亲身试验催眠术的"神奇作用"。她鼓励阿达也尝试一下催眠术的神奇效果。她还写信跟阿达讲查尔斯·兰姆（她的表哥）的妻子试过催眠术后的奇特体验。然而，阿达对此深表怀疑。

致沃伦佐·格雷格

亲爱的格雷格：

出于我昨天跟你说的原因，我得在母亲跟你核对账目之前见你一面……

假如你不能来的话，请记住以下几点：

1. 不要给她透露债务，也不要说我借钱的事。我相信你会帮我保守秘密的。

2. 记住，我跟母亲说过我几个月前曾咨询过你，重点向你说明了我的开销。我还说你建议我每年再多申请200英镑，所以我照办了。不过他们不愿定期支付任何费用，只同意支付宫廷服装费，去年确实也付了这笔钱。

以上就是母亲所知道的，别的她就不知道了。

现在她之所以要找你谈话，是因为我一直在抱怨婚前协议的规定，我还莫名其妙地抱怨说，除非他们定期多给我点儿钱，否则我根本无法生活下去。

如果她知道我欠了债，这将会造成不可挽回的后果。我跟她说有时我的生活因为两样东西入不敷出，即书籍和音乐。也许我的生活中可以没有它们，但那样的话该多可悲啊。

我想该交待的我都交待清楚了。

你永远的朋友A. L.

1849年1月5日

布莱顿

致查尔斯·巴贝奇

亲爱的巴贝奇：

我将于周二把名册寄给您，您周五前寄回即可。

我希望您写一张适合我的访问名册。我若把我的访问名册寄给您，您能完成吗？要多少钱呢？

我周二就要去布莱顿了，会在那儿待到星期五。

希望现在您就能来，因为我们有空房间了，简直出人意料。我们原本以为这里会满人呢。

您永远的朋友A. A. L.

［1849年］2月11日星期日

霍斯利

致沃伦佐·格雷格

亲爱的格雷格先生：

……我已经写信给洛夫莱斯说明了我对过去、现在和未来的财产和资金问题的看法和感受。我坚决认为，我们应该立即制止过去和现在的错误，这些错从来就不该发生。

当然，我私下没对他说任何冒犯或无情的话。这么做并不理智，而且我真的能原谅他对我的一切伤害，我认为我遇到的经济困难和烦恼是他的疏忽大意造成的。

可问题在于：他死也不承认过去和现在有什么不对或不公平的地方。事实上，我估计他觉得给我施舍这点儿钱已经足够慷慨了（未来的7000英镑中每年只给我300英镑，其余的都归他所有！）。

我认为他不会一直恬不知耻地这么做的，我在信中从来没提过这笔钱。

假如他去年答应了我的口头要求，我也不至于采取这种（决绝的）措施。

你最诚挚的A. A. 洛夫莱斯

1849年3月13日星期二晚

伊舍

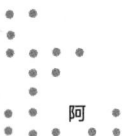

1846年，阿达见到了她父亲最好的朋友约翰·卡姆·霍布豪斯。霍布豪斯在他的日记提到当时阿达跟他讨论了长生不老这种"很少有男人讨论，绝没有女人会讨论"的话题。阿达在讨论这类话题时表现出的直率和聪慧给他留下了深刻的印象。他也发现阿达的身体比较虚弱。

1849年6月，阿达拜访了父亲的另外一位朋友约翰·默里，他是一位出版商。可不幸的是，她在约翰·默里家中病倒了。

1849年夏天，拜伦（奥卡姆勋爵）远离家乡，随军队出海。洛夫莱斯家的其他成员则去了阿什利科姆，他们还邀请巴贝奇九月底去那儿玩。除了孩子以外，在阿什利科姆的家中还有狗、鸟儿和其他动物，它们都喜欢跟在人后面打转。阿达给巴贝奇写的信中仍出现了那个神秘的词"名册"。有些传记作者误以为巴贝奇在跟阿达赌马。

拜伦夫人病了。作为孝顺的女儿，阿达不得不回去照顾母亲，不过她并不乐意，也不想再继续扮演这种角色。她跟威廉抱怨说她受够了，她想去阿什利科姆，"我对这儿的生活烦透了，虽然从外表看不出来，但我的内心和精神都受到了深深的摧残"。此前，威廉一直是支持阿达牺牲自己去帮助她母亲的，直到1849年时，他终于忍无可忍了。他认为阿达应该先照顾好自己的身体和家庭。阿达一回到阿什利科姆就听说格雷格的妻子患上了癌症，这让格雷格伤心欲绝。与此同时，她觉得自己的病情渐渐有所好转。从她的信中我们可以发现，她似乎已停用鸦片酊了。她希望自己能再多活几年。

阿达给母亲写信时说把拉尔夫放在母亲那儿她根本放心不下（她反复强调巴贝奇对拉尔夫行为举止的批评）。她尽量不让母亲对自己的生活造成不好的影响，她还试图叫拉尔夫回来小住一段时间。阿达觉得自己在照顾孩子方面越来越得心应手了。

致约翰·默里

亲爱的默里先生：

感谢您昨天做出的那个善意而准确的判断。

我现在的病就是"心脏痉挛"。这20年来隔三差五我就会出现这种情况，去年尤其严重。虽然我知道只要治疗得当，不至于有生命危险，但是我觉得自己正在生死的边缘挣扎。

我今天没办法回去了，因为我的身体太虚弱了。我感觉此刻我比过去三天老了20岁。每次都是如此。

我认为感觉是每个人拥有的最有用的东西，然后我们必须用理智让自己妥协。或许，现实比我想象得更糟，我可能得了器官上的疾病，也可能得了癌症或肺病。谁知道呢，任何病都有可能。

我一直都不太清楚，生命到底是最美好还是最恐怖的东西！不过，这是个好问题。现在我的心脏病又发作了。此刻，我认为生命是最恐怖的。我希望美好的时间快点到来。

非常抱歉，看来我注定要在您家里穿过那"死亡阴影之峡谷"①了。不过，您让我又重新活了过来。

我必须要在默里夫人回来之前离开，否则她会觉得我是个纠缠不休的麻烦精。

不胜感激！

您忠诚的A. A. 洛夫莱斯

［1849年］6月14日星期四晚

大坎伯兰街

致查尔斯·巴贝奇

亲爱的巴贝奇：

我们计划下周四，也就是下周的今天去阿什利科姆。洛

---

① 出自《圣经·诗篇》的第23篇。——译者注

夫莱斯和我都盼望您十月来，我们会用最好的房间和茶点招待您。我们在阿什利科姆的房子跟萨默赛特的房子完全不一样，现在我们在这儿住的时间可比以前多得多了。

您可以拥有一匹专属于您的马，这样您就不用走路了，除非您要去草坪——就是那条"哲学家小径"。

我打算下周三在伦敦住一晚，周四搭火车去阿什利科姆。您要回来和我一起去吗？

别忘了您答应过我要给我名册的新封面。那本名册破旧不堪，急需一个新封面。

我有许多事想跟您分享，但是在信中不方便说。我不明白这些问题到底暗含什么意思。

上面的勋章难道不漂亮吗？

您忠实的A.L.

[1849年]9月20日星期四

霍斯利

附言：忘了说我从奥卡姆（拜伦）那儿又得知了一些新消息——从荷兰寄出的信竟比从赤道寄出信早到15天……我现在一切都好，您的那封来信非常珍贵。

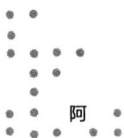

致查尔斯 · 巴贝奇

亲爱的巴贝奇：

现在每天都有从布里奇沃特或汤顿去波洛克的马车。

不过，我估计他们不会每天都跑，最多再跑十四天。但我希望您在这儿可以待得更久点儿。

只要有任何变动，我会立刻通知您的。

您在帕丁顿站搭9点15分的那趟特快列车就能坐上马车。

麻烦您帮我们带一个包裹来，再去大坎伯兰街帮洛夫莱斯拿些东西。我会在明后天把这些东西全部列出来。当然，我会做出尽量少给您添麻烦的安排。

您来的那晚我太忙了（我一点也不希望您来），根本没和您说上话。虽说那晚我并不满意，不过，只要能见到您我就非常高兴。那本名册真是个好东西。

我想您的巴黎之旅肯定会是一次最愉快的旅行经历。

希望您早点来，在"哲学家小径"边住一住！

别忘了顺便去看看"皮尔斯"，打听打听他的小儿子"尼尔森"。他是"罗弗"的亲生哥哥，"弗洛拉"的第一个儿子。事实上，这就是命运最好的安排！他叫"尼尔森"

（小尼尔森），跟它父亲像极了。

您永远最忠诚的A. L.

［1849年］9月28日星期五

阿什利科姆、波洛克、萨默赛特

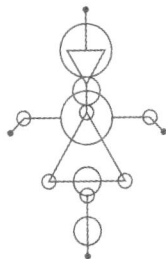

诗

意

科

学

狄更斯与阿达之间的通信就像今天的短信一样简短，我认为这些信件是有暗语的。他们常在布莱顿见面。两人的真实关系暧昧不明。阿达欣赏狄更斯的作品，总是在家人面前提到他最新的作品。在这段时间里，阿达开始回顾过往，想重新调整她的人际关系。人际关系常给她带来困扰，确实让她心烦不已。

阿

达

：

数

字

女

王

1850

"轻装步兵"；"每个人都会受人诋毁"；"身后冰冷的石头"

到1850年时，洛夫莱斯家人都决定不再同拜伦夫人产生任何纠葛。安娜贝拉搬回去跟父母一块儿住，在瓦赫特尔小姐的监管下完成学业。大儿子拜伦参加了海军，常年出海。至于拉尔夫，夫妻俩依旧对他抱怨不止。然而，

"轻装步兵"

他们在经济上依旧要依赖拜伦夫人，因为装修伦敦大坎伯兰广场6号的新家需要用大笔钱。拜伦夫人写信说她可以借给洛夫莱斯4500英镑，但是要以他的人寿保险做担保。从银行存折的记录可以发现，拜伦夫人在1850年给了夫妻俩1500英镑。钱虽然最终还清了，但仔细核对银行存折你就会发现其中的问题。

如果你对阿达有些许的了解，听说过"阿达·洛夫莱斯日"的话，你就知道阿达有买马、赌马的嗜好。她确实在买马，只不过核对存折时我们才发现有关她赌马的传闻被夸大了。

很多传记作家把阿达描写成了一个赌徒。这则传言很可能是从她母亲嘴里传出来的。在下一章里，我会解释为什么拜伦夫人要传阿达的谣言，这一点其实跟拜伦夫人希望拜伦勋爵染上乱伦的传言类似。这两则谣言衍生出许多精彩的故事。谁不喜欢精彩刺激的故事呢？

阿达对马的喜爱到了痴迷的程度。她常常把自己的马儿描述得生动异常。她说它们穿着闪闪发亮的外衣，各有各的脾气。她给丈夫写信时，很多时候都要提醒他要记得驯马，不要让外人伤害她的马。阿达对马的喜爱遗传给了女儿安娜贝拉，这种基因一直延续到后代。后来，安娜和丈夫威尔弗里德·斯科恩·布伦特将阿拉伯马引入英国。和许多拥有马匹的贵族一样，有些贵族，如洛夫莱斯的好友泽特兰夫妇，就非常喜欢赛马。19世纪50年代举办的各种振奋人心的赛马比赛让阿达甚是着迷。

5月17日，阿达写信给母亲，送上了生日的祝福，在末尾她写道，"恐怕您根本不关心我现在的兴趣爱好是什么。我关心的是5月29日德比杯的获胜者。说实话，我很可能会变成运动迷。我最看好的两匹马是泽特兰爵士的'轻装步兵'和阿尔比马尔夫人的'博林布鲁克'"。比赛结束的第二天，阿达写信抱怨说她的头非常痛，因为她在这场比赛中"损失惨重"——她故意引用了报纸上的字眼。然而，泽特兰的马"轻装步兵"最终轻而易举地战胜了对手，阿达对这个出人意料的结果感到非常开心。

洛夫莱斯夫妇辗转于各种社交场合。他们拜访了巴贝奇和其他一些科学界的朋友，还参加了各种宫廷活动，并观看了大量的赛马。格雷格听到一些关于阿达的谣言后将这些消息转达给了阿达。阿达给他写了一封长长的回信，她在信中说："对于这种莫名其妙的谣言给你带来的困扰，我深表歉意。在这个社会上，每个人时不时都会受到诋毁。我保证，假如你知道我听到的那些关于别人的谣言，你就会发现我的谣言根本算不了什么……"

这时，阿达才意识到自己有多天真。她跟索菲娅·德·摩根说了自己的秘密，结果却被出卖了。她在信的结尾写道："现在，我的形象已无法挽回了，在26岁之前就彻底失去了。我想这应该归功于D.M小姐（德·摩根）。当然，还有其他的原因。希望你明白我是因为你的缘故才写的这封信。我特别不愿看到你为这件事烦恼，我保证，假如你知道过去所发生的一切，你就会重新看待这些谣言。"阿达同她的父亲一样，都藐视既定的规则，留给人"疯狂放肆"的印象。她的用词可能严肃，也可能幽默，她写过"鄙视和愤怒"、"为您服务的小精灵"之类的句子，但她也曾形容安娜贝拉为自己的"奴隶"。

接下来，6月6日，阿达照常去了母亲那里。过了几天，她给一位科学界的朋友举办了五十岁的生日派对。6月20日，她参加了一场舞会，在舞会上见到了维多利亚女王。她说女王非常开心，整晚都"保持微笑"。除此之外，洛夫莱斯夫妇还参加了其他一些宫廷活动。

阿达在青少年时期抱怨说她不喜欢歌剧，后来却成了歌剧迷。哈列维的歌剧《暴风雨》从6月6日就开始在女王陛下剧院演出。6月20日的晚上，阿达观看了这部歌剧。她被扮演米兰达的桑塔格迷住了，她这样形容她："她的声音非常甜美，就像天使一样。她的演技和表情堪称完美。她的表演十分轻松，信手拈来，挥洒自如，我认为她比林德好多了。"

每逢周日，邮局就会停止营业。阿达对这件事非常生气，她觉得邮局关了门自己就什么都做不成了。她写道，"这件事让狄更斯抓狂。他已经写好了信，只能指望下一周了"。同时，她的注意力再次回到巴贝奇身上。

致查尔斯·巴贝奇

亲爱的巴贝奇：

我可能周四晚或周五早上（一大早）去伦敦，周六下午再回来。现在，我还不能做决定，要等到周四才知道。但我还是提前跟您说一声。烦请您帮我个忙，帮我打听看看周五或周六能不能去工业展览会看钻石。

您的朋友A. L.

1850年7月23日星期二

附言：我迫切想知道您是怎样得出"星云理论"的。我猜它跟气体凝缩或膨胀的数学法则有关。假定这些气体保持某种原始状态不变，比如重力、旋转运动等……

格雷格夫人的病情渐渐好转，她带着安娜贝拉一起到欧洲大陆旅行。这是安娜贝拉头一回踏上欧洲大陆。阿达写信给安娜贝拉汇报了家人的最新情况，重点提到了拜伦在海军里的表现。阿达信中的语气很欢快，还不忘教导女儿在外面要注意自己的行为举止。

　　致安娜贝拉

亲爱的安娜贝拉：

　　我们从三个人那里听说了拜伦的好消息，如果你知道的话，肯定也无比激动。斯威夫特中尉回到了英格兰，他跟勒欣顿博士说拜伦深受大家喜爱，很快就学会了他该学的东西，表现得极其优秀……

　　感谢格雷格夫人写信告诉我有关你的消息。她的信带给了我们惊喜。

　　我们本该早一点儿写信给你，但又没什么特别想说的。你肯定很享受这次旅行，觉得这次旅行就跟学校里男女学生放假似的。假如你学习认真，表现好的话，或许，下一年的冬春之际我们会再给你放个假。但是这取决于你在这次旅行中的表现，还要看我们的经济状况。

　　你的素描画非常棒……没有马的话，我希望你可以画画

阿
达
：
数
字
女
王

牛。那个地方没有马对于你这个骑手来说多可悲啊……

我命令你：不要表现得太激动，也不要大吵大闹。多练习画画，记得说德语。

我在思考要用什么法子才能整治你的自由散漫，让你变得更老实听话些。所以你最好求格雷格夫人带你多玩两天，否则回来之后，我不敢保证等待你的生活将是什么……

泽特兰家的花园里有一只巨大的乌龟，我猜他们又放了一些其他的新东西进去。

永远爱你的A. A. 洛夫莱斯

1850年8月11日

霍斯利

1850年的大事是阿达和威廉一起回到了拜伦勋爵的老家纽斯泰德庄园。这个地方是她多年来一直想去的禁地。阿达和威廉制订了此次英格兰北部回乡之旅的计划。他们先要去拜访作家布尔沃·立顿，接着再去拜见立顿勋爵。当时，阿达和安娜贝拉都没有想到这两个家庭今后会结为姻亲。后来，安娜贝拉的女儿嫁给了布尔沃·立顿的孙子。从立顿家离开后，阿达和威廉又拜访了她的堂兄拜伦上尉，接着到约克郡见了神父加姆伦。阿达尤其期待见到阿斯克的泽特兰伯爵和伯爵夫人，因为在那儿她能见到大名鼎鼎的赛马"轻装步兵"。

洛夫莱斯夫妇旅行的重点是纽斯泰德庄园。阿达的父亲在临死前将这座庄园卖给了怀尔德曼上校。阿达在信中的语气一向犀利刻薄，我们只能从中猜测她的一些感受。然而，她写给母亲的这封信的措辞尤为委婉。她大概知道即使35年过去了，提起父亲，母亲的心里还是会有波澜吧。假如这封信是一张毫无情感的旅行计划表，那么阿达是不能说服她母亲的。

致拜伦夫人

我们今天刚准备出发就收到了两封您下午寄出的信，我猜您现在应该还在布莱顿吧。我一直打算今晚写信给您……

我们周四出发的，先去赫特福德郡的内布沃斯拜访了E·布沃尔·立顿爵士，接着去诺丁汉郡的拜伦上尉那儿坐了坐，然后再去拜访了德比郡的南丁格尔一家，最后拜访的是加姆伦一家和泽特兰一家。9月6号，我们要去坎伯兰湖住上十天左右。之后，我打算抄近路回到纽斯泰德庄园，在那儿住一两天（现在怀尔德曼一家不在那儿，他们让我们九月中旬再去），中途去布里斯托和阿什利科姆，打算在那儿……

待到18号。但是，今年我们不能全家都搬到阿什利科姆去住，所以只有我和洛夫莱斯去那儿住三周左右。或许，为了节省起见，我们会一直住到某个确切的时间为止。

我一个肩膀的风湿病犯了，用麻醉剂也无效。

[1850年]8月19日星期一晚

伦敦

致安娜贝拉

亲爱的安娜贝拉：

但愿你离开施瓦尔巴赫之前能收到这封信。你父亲上周三在伦敦也给你写了封信。目前，我们在诺丁汉郡拜伦上尉这儿。这个地方叫特朗普顿，距诺丁汉大约八英里的路程。之前，我们在赫特福德郡见到了著名的爱德华·布沃尔·立顿爵士。他著作等身，今后你对他的作品（可能有上千本）一定会爱不释手。他是我们的朋友，不过你应该没见过他。他的名声传遍世界，我听瓦赫特尔小姐说他的作品在德国也同样受欢迎……

今年我们没那么多钱让全家人都搬到阿什利科姆，马、行李之类的东西也只能留在家里。所以只有你父亲和我（还有约翰、威尔森小姐）会住在阿什利科姆。就我们而已，除此之外就没别人了。我们目前遇到了经济上的困难，只付了一半的房租。

大西洋站新上任的上将叫莫尔斯比上将，他的到来令我们感到高兴。他是我们的老友，也是奈特先生和哈利迪先生最亲密的朋友。这对拜伦来说可能是件好事。告诉格雷格夫人这个消息，并告诉她我很喜欢她给我买的红色披肩，非常实用，是我所有披肩中最舒服的一条。

我希望你能安分守己，表现得像个淑女。回来后，讲话时要轻声细语，不要老是冒冒失失，兴奋过头……

最爱你的A. A. L.

1850年8月25日星期日

纽斯泰德庄园

致拜伦夫人

我在博萨尔收到了您的来信。我已经把您的意思转达给加姆伦了。如果我真的病倒了，泽特兰家便是最好的医院。谢天谢地我在这里遇到了这种事。在家的话，我可能比现在还要差。他们危险了，因为我可能要把他们那儿当成医院了。他们的医生看我的病也很有办法。

我不知道最近信件中是什么让您有了那种猜测！我记得我并没说什么容易让人产生误解的话啊。

我们昨天到达了纽斯泰德庄园。我还没有逛完，事实上只逛了庄园的一小部分。百年以来，所有人都在谈论这座宫殿和拜伦家族的历史。这里修复得极其漂亮，当然拜伦家族是没有那么多钱来修复这座历史古宅的。

然而，我感觉这座庄园，连同那可怕的阴冷、悲伤的气氛都是属于我的。我感觉周围一切都充满了死亡的气息，自己就站在家族的陵墓中。既然所有的一切都已随风而逝，只留下身后冰冷的石头，活着又有什么意思呢？这里一点儿生气都没有，到处都弥漫着阴森的死亡气息。所有的东西都是死的！

看到先祖居住过的地方，我觉得很高兴，但是离开了这座坟墓，我一点也不觉得可惜。我看到自己的未来清晰地呈现在我眼前。他们过去是这样！我现在也是，但是将来我不会如此。哎！好吧，这是一个永无止尽的世界。

我们本应该在这儿过着幸福、富足、美好的生活。但是一件接一件的事让我们流落到四方。庄园在内战中遭到了严重的破坏，最终落到了圆颅党人①手里。后来，只有一小部分恢复成原来的样子。

我听说了父亲的先祖或者叫叔祖，也就是杀死查沃斯先生那位的故事。他们叫他"邪恶的老领主"。

我还没参观父亲的房间。这儿除了汉密尔顿·格雷斯就没有其他人了。我们都默默不语，像两个自命清高的人。

我只觉得自己变成了一尊石头塑像，很快就要被石化了。

[1850年]9月8日星期日

纽斯泰德庄园

---

① 英国内战时期反对查理一世国王的议会支持群体，主张君主立宪制，反对君主专制。他们的服饰多从平民，不戴假发，修剪短发，故得其名。其反对派为保皇党。——译者注

纽斯泰德庄园的回廊中庭

　　如果我们将科学和诗歌结合起来，那么我们就会

改变对现实的认知。拜伦勋爵对阿达来说就只是一个形

象。虽然她从小就知道父亲的诗歌，但是直到20岁时才

见到了父亲的肖像画。阿达与父亲最好的朋友约翰·卡

姆·霍布豪斯和出版商约翰·穆雷聊过天。在聊天的过

程中，她对父亲的看法有了改观。这的确不容易，毕竟

她的父亲是一个名人。参观了纽斯泰德庄园后，她才了

解了父亲的真实生活。虽然她对纽斯泰德庄园做了一番

生动的描述，但我们只能猜测她内心深处的想法。她的

夏日之旅还在继续，不过自从这次之后，她对父亲的看

法就发生了改变。

1850 1851

第二十三章

"走进了一座坟墓"；复活；末日

阿达于9月15日离开了纽斯泰德庄园后，便写了一封信，信中她将自己形容成一名"游牧人"。接着，她和威廉游览了德比郡的美景。德比郡是简·奥斯汀的《傲慢与偏见》的故事发生地。洛夫莱斯夫妇把各个地方都走了一遍。他们先参观了博尔索弗城堡、哈德威克庄园，接着游览了"峰岩洞，佩弗利尔的古城堡以及卡斯尔顿的一些名胜古迹"。第二天，他们到"贝克韦尔看哈顿庄园，接着去了唐戴尔"。第三天早上，他们去游览了"奥尔顿塔"（归什鲁斯伯里伯爵所有）。尽管走了那么多地方，阿达的心依然停留在纽斯泰德庄园。

她回忆自己的旅行时说，她对庄园的第一印象是"凄凉"，之后却渐渐转变成了"喜欢……就像我的老家一样……年底前我必须再回去看看"。

一开始，阿达感觉自己"走进了一座坟墓"，接着，她觉得自己"又活了过来"。她说"我爱上了这座庄严而古老的建筑，以及我所有邪恶的祖先"。对买下这座庄园的怀尔德曼上将，她表示赞赏，说他的修葺非常有品位和想法。拜伦家族可负担不起这笔巨大的重建费用，但阿达写道，"有一位预言家说拜伦家族会失去拜伦家园，事实就是如此。不过他又补充说，它终究会回到我们这一代人手中的！"

她一直沉浸在纽斯泰德庄园带给她的惊喜中，还顾不上拜伦夫人看了那封信的感受。威廉和阿达甚至幻想有朝一日能把纽斯泰德庄园买下来。

拜伦夫人不准阿达对父亲抱有任何美好的幻想。她在回信中指责阿达不应该幻想父亲的"神话形象"。她甚至怀疑自己是阿达他们在纽斯泰德庄园谈论的焦点。阿达在回信中解释说她对父亲并没有抱任何幻想。根据阿达提到的信息来看，拜伦勋爵把自己剩下的房产给了他同父异母的姐姐奥古斯塔·利，之所以这么做是因为他总是听拜伦夫人抱怨自己所剩之日不多了，很快便会离开人世。他也认为阿达会过上富裕的生活。事实证明，他猜错了。

阿达想暂时把这些事都抛到脑后，打算去唐卡斯特看赛马比赛，然后去"阿斯克（泽特兰家），再穿过约克郡到肯德尔，最后在坎伯兰湖边住上一两个星期"。

"飞翔的荷兰人"

此次赛马比赛的两匹马均为阿达的最爱——"飞翔的荷兰人"和"轻装步兵"。威廉专门来看比赛，结果遇到了扒手，错过了第一天的比赛。比赛结束后，阿达在阿斯卡给母亲写了一封信：

"星期五，'轻装步兵'打败了无敌的'飞翔的荷兰人'，赢了优胜杯。大家都以为没有马儿能匹敌'飞翔的荷兰人'，结果'轻装步兵'却出人意料地获胜了。这是赛马史上最大的胜利！这是两匹绝世好马进行的无与伦比的较量！就像两个英雄之间的决斗。能够亲眼目睹这场历史性的伟大比赛，我无比激动。我估计除了'轻装步兵'之外，再也没有第二匹马，尤其是跟'飞翔的荷兰人'那样的冠军比赛时，能获得德比杯、圣莱杰杯和优胜杯三场比赛的胜利。"

阿达继续往下写，想要平息母亲的怒火。她强调自己对父亲并没有"神秘的崇拜"，反而觉得父亲对她一点儿都不好。这个评价实在很奇怪，因为她并不知道拜伦勋爵是如何看待她的。

拜伦夫人还给威廉写了信。阿达回复道："今天我们读了您给洛夫莱斯写的信，有几句话让我们非常难过和不解。您说'近来的烦恼'，可我们并没有做什么或说什么让您感到'烦恼和焦虑'的事啊！"她想和母亲深入讨论这个问题，因为"我不希望您继续因为误解而感到痛苦，我向您保证，您的想法都是毫无根据的……"她感谢母亲向她支助了30英镑，还说等下一年再接受这笔钱。

阿达给母亲寄了一张"轻装步兵"的照片，还不忘赞美它是"最认真最勤劳的马儿，一个温柔可爱的家伙"。阿达回到泽特兰家后重病一场。他们请马尔科姆医生来给她看病。阿达还记挂着母亲给她制订的事业计划，但是那些计划并不适合她。当下，她正处在人生的关键时刻，无法承受任何形式的压力。她只想做一名流浪的吉普赛人。不过，她把这种期望寄托在了跟母亲住在一起的拉尔夫身上。她认为不应该教拉尔夫太过常规的知识，而应该教教他有关推理的东西。

之后，阿达去伦敦见了巴贝奇。巴贝奇十分担心阿达的慢性病。他帮着阿达想办法，给她找了一名临床医生。到伦敦后，阿达反而鼓励巴贝奇去处理他面临的问题。虽然各自都遇到了困难，但是一提到准备"万国工业博览会"的计划，两人都按捺不住激动的心情。"万国工业博览会"将在1851年5月举行，主要展出工业革命的成果。当时，巴贝奇正在写《1851年万国工业博览会指南》，他必须赶在博览会举行之前完成。这次展览的亮点是水晶宫——由帕克斯顿修建的专门用来展示工业和科技成果的预制玻璃建筑。

致查尔斯·巴贝奇

亲爱的巴贝奇：

我本来打算给您写一封长信，所以迟迟没回复您。而且我一直没找到时间写这封信。我觉得还是先告诉您：虽然我吃了拉斯穆斯·威尔森医生开的药后感觉好些了，但是，我的身体已经完全垮了，所以我打算听从您的建议，回到伦敦后就到您朋友那儿去检查。

我很重视这件事。我必须要寻找彻底的治疗方法，否则就算我想尽一切办法，用尽所有的力气最后都只是徒然。

您赶时间的A. L.

［1850年］11月1日星期五

阿什利科姆

致安娜贝拉

亲爱的安娜贝拉：

你是不是从没提过"尼尔森"？我对它无比好奇！

你也没提到任何动物。动物的部分几乎都被你遗忘了……两三个月之前，动物学会给你寄了封信，我把这封给你寄来了。希望你能理解。

等我们回来后，你就能收到生日礼物了，我希望赶在你生日之前送出礼物。

你在国外的这段时间，我找了几本书——《游戏手册》，H. 巴贝奇先生写的三大卷的《骑术》，斯汤顿的《象棋手册》。这几本书你都有了，不过我们在霍斯利和伦敦的家中没有。

顺便说一下，我希望你认真读读《骑术》。

帮我找找骰子（双陆棋棋盘用的），找到之后寄给我……

永远爱你的A. A. 洛夫莱斯

［1850年］11月5日星期二

阿什利科姆

　　阿达去参观了由玻璃建造的水晶宫，她在那儿"逗留了好几个小时，更惨的是，当天简直就是煎熬，天气冷得要命，还有大雾"。巴贝奇早就提醒她要穿暖和点儿。月末，阿达给艾格尼丝·格雷格写了封信，感谢她大方地把安娜贝拉带到欧洲大陆玩了一趟。她叫格雷格夫人把他们夫妇花在安娜贝拉和拉尔夫身上的钱告诉她，她要补偿他们。她还邀请夫妇俩圣诞节来阿什利科姆玩。拉尔夫在圣诞节前回来住了几天，不过几天后

水晶宫

阿
达
：
数
字
女
王

他就回伊舍过圣诞节了。阿达还帮忙给他打包好了行李。接着，她给母亲写了一封信，在信的末尾她写道："您还适应这种天气吗？……五月份，我们可能会把房子租出去，然后去比利牛斯山。我并没有开玩笑。我考虑过您的建议，现在已坦然接受了。说实话，我最开始被您的建议吓到了。这件事可能会让我生气好几年（当然，还包括我们的钱包）。"

这封信的最后一句是一个让人摸不着头脑的谜。威廉写信给拜伦夫人时对纽斯泰德庄园做了一番描述。他的描述读起来就像现在的房地产中介的描述。他分析了这座庄园的占地面积和房租收入，还专门列出了一张哪些地方需要维修的表。整封信都在传达他想买下纽斯泰德庄园的强烈意愿。

当时，洛夫莱斯夫妇和拜伦夫人的关系处于极其脆弱的状态。洛夫莱斯夫妇回到纽斯泰德庄园的事又一次揭开了拜伦夫人的伤疤。当然，除了这件事外，还有别的原因。这段时期，拜伦夫人和著名的福音传教士罗伯逊先生走得很近，结果，洛夫莱斯夫妇和她就渐渐疏远了。而且阿达对母亲表达自己的感受时也不再委婉。从泽特兰家离开后，阿达说她对马和赛马比赛越来越着迷了。威廉给拜伦夫人说阿达甚至想养一匹用来比赛的马（阿达的后代实现了她的愿望）。

我们只能猜测阿达在1851年初做过哪些事情，因为这期间她写给"运动好友"①的信都没能保留下来。有几封别人写给阿达的信被保存了下来，但都是关于赛马比赛的。这些信给人一种感觉，那就是阿达死后拜伦夫人和拉尔夫都迫不及待地想把信件公之于众。还有几封信是巴贝奇的朋友理查德·福特写给阿达的。这几封信给人留下了无限的遐想，信中提到了约翰·克罗塞、马尔科姆（不是泽特兰的那位医生）、蔡尔兹、弗莱明和南丁格尔（也是拜伦夫人的好友）。

阿达嗜赌传闻的来源是一则二手报道，不过很多传记作家都在书中直接引用了这段话，让读者以为这段话是某个目击者写的。其实不然。事实上，这段话是她死后十多年，儿子拉尔夫写的（当时拉尔夫11岁）。阿达去世后，拉尔夫从她的"运动好友"那里听到了一些传言，然后再执笔写了这段话。拉尔夫从小跟着拜伦夫人长大，所以他是站在拜伦夫人这边的。他把自己的问题都怪在父母头上。阿达去世后，拉尔夫也不怎么跟父亲说话。阿达的"运动好友"们说她欠了他们一笔钱，但是格雷格和拜伦夫人的律师勒欣顿都觉得这群人是一堆骗子。格雷格甚至还鼓励威廉起诉他们。然

---

① 原文为"sporting friends"，阿达几位赌友的委婉代称。——译者注

而，阿达确实在赌马，而且赌赢了。后来，格雷格透露说阿达在1851年初赢了1000英镑。

赌博虽跟数字有关，却属于一种嗜好。阿达的祖父嗜赌成瘾，最后落到破产。虽然阿达的父亲因为经济状况戒掉了赌博，但是他非常喜欢赌徒，也觉得赌博是一项刺激的活动。他这样写道："我发现赌徒和大多数人一样幸福，他们总是很'激动'。女人、美酒、名声、美食甚至梦想有时都会让人觉得厌倦。但是每洗一次牌，每掷一次骰子，赌徒便会充满活力……"

1851年1月，阿达惊喜地收到了一位神秘人的来信——这个人很可能是马尔科姆。神秘人在信中写道："我很想听听，有关蔡尔兹的提议到底是什么。我不明白公开名单是否就意味着上任就职并按戴维斯的方式提供有利条件。"①戴维斯是当时著名的书商。

周一，这位写信的人向阿达解释了他为什么没有上门拜访的原因："今年你的邀请太委婉了，而且你竟然赢了3000英镑！这么庞大的数字让我垂涎欲滴……要使出怎样的魔法才能得到这笔钱啊，蔡尔兹怎么突然从一个身无分文的人变

---

① 这句话以及下一段这位神秘人的话应该是赌友间的暗语。——译者注

成了身家几千英镑的富豪呢？明早九到十点间，我会来找你，然后听听这个所谓的'黄金秘密'的解决之道。"阿达接下来的几封信都没有谈及这个"秘密"，因为她的生活里又有了一些新鲜事。

最重要的一场赛马将在5月17日举行。离比赛还有一月的时候，阿达给母亲写了一封信。下一封信则是阿达11天后写的，她在信中汇报了自己的病情。赛马结束后，阿达又写了一封信，命名为《末日》，透露了她对未来的担忧。

致拜伦夫人

昨晚我收到了您的来信，有几句话让我有点儿郁闷和惊讶。当然，还不至于到震惊的程度。事实上，我倒希望您的话能震惊到我。

上周我忙得不可开交，忙着处理金钱和世俗方面的事务（现在都还在忙）。我每天都期待您写信告诉我你们会谈的情况，我好像有一个世纪没给您写信了。

很抱歉，那事儿已经发生了，（您肯定也看到）从一开始，这件事就让我觉得不安和苦恼。

之前，我认为子女不该劝说或告诫父母，现在我倒认为我应大胆去做。我从来都不敢对父母表示不敬，怕这样做会伤害您的身体和心情。

子女关系总像一块磨石般挂在我脖子上。

不过我想就算我成功地说服了您，您第一次跟我说的时候其实您就已经做好决定了。

希望我有说服您的想法（事实上，我永远不会这么做），不会惹您生气。这只是想法而已，一种希望罢了！

这件事让我很郁闷。

最近几年，我过得一年比一年幸福。所以总体来看，我的生活还不错，我敢说今后也一样。

我不知道自己应该相信什么、不信什么。谁知道呢？

这种问题我们很难找到确切的答案。我能相信的只是：很多人能看见的确切答案我却看不见，我能感受到却看不到。

除此之外，现在我全身心地投入到了生活中，过好生活就够了。在我离开这个世界之前，我肯定还是会全心全意（如果还有的话）地享受生活。不过我确信就算我经历了生活的黑暗面（对我来说确实如此！），也无法找到任何确定的答案。

顺便问下您，这周六或周日我能过来吗？

[1851年]4月10日星期四

大坎伯兰广场

致拜伦夫人

我得了重感冒，咳嗽不止，无比难受，根本无法拿笔写字。目前，我有太多东西要写，有时无暇顾及自己的身体。

5月20日，我很可能会把房子租出去，不过一切都还没定下来。

邓达斯上将说拜伦是个"积极热心的人"，不过，我们从另一个地方听到消息说他只是个"职业的摆设"。

史密斯小姐在信中说我的性格非常好，只不过缺乏想象力。我觉得她的判断大错特错。天知道我受够了自己的想象力，常被它折磨得死去活来。

哎！我这个多病多灾的倒霉蛋！我估计自己很快就会好起来……

[1851年] 4月21日

伦敦

下一封信非常有趣，因为这封信常让人产生误会。5月17日是拜伦夫人的生日。

致拜伦夫人

末日

我一点也不想回忆或提起这一天，因为这一天会让我联想到生死之类的问题！走向死亡是多么可怕的事啊。然而，我希望自己能长命百岁，希望跟您一样长寿。

比起您在老去的事实，我更能接受"轻装步兵"输掉比赛的消息。我对这个结果早有准备，预感这次"飞翔的荷兰人"会赢，我还跟一些朋友说过这个预测。

我打算明天下午来看您（晚上搭晚班火车回伦敦），您要是因为一些原因不希望我来，那我就取消这个计划。拉尔夫看起来还不错。明天我可能会带安娜贝拉一块儿来。

请相信我对您的同情是发自肺腑的。以我最悲观的人生观来看，现在的您是一个可悲的例子。

1851年5月17日

*您知道我总是这么看自己的，除非有明显的事实证明我的想法是错误的。

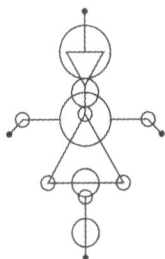

当我在介绍这本书的时候，最先被问到的一个问题是："如果阿达还在世，她现在会做什么？"我认为她会是一名商人，或者在研究一些深奥的问题。我相信她对赌马还没到上瘾的程度，只是爱好罢了。她赌马的事迹确实可以被写成一篇故事或"神话"，甚至当作学术作品来发表。她似乎确实在参与赌马，但是赌马还不算是她生活的原动力。她对赌马的兴趣就像现在许多人对股票投资的兴趣一样，试图通过仔细分析而不是投机取巧来获得回报。这两种活动都在操作数字。现在，英国的股票市场和合法的赌场都在使用类似"回归分析"（regression analysis）这样的精密的数据分析技术来预测结果。我在伯克利研究这些技术的时候，同班的一些同学使用马的重量、以往的表现、基因等参数来预测比赛的赢家。

许多投资者既使用技术分析（先进的数据技术），又根据直觉来做出判断。这两者的综合就是诗意科学，或者说是一种常识。

1851

万国工业博览会；"钱包里连5英镑都掏不出来"；"给暴君一击"

1851年5月是阿达生命中重要的一个月，这也是工业革命历史上最伟大的一个月。托马斯·哈代在《轮子上的提琴家》中写道，给他留下深刻印象的唯一一场展览会就是1851年的"万国工业博览会"。这一年从很多方面来说都是"一个伟大的时间界点和分界线"。好几本书都提到了这次的展览。同哈代一样，布里格在《通向水晶宫的铁桥：工业革命的影响和图片》里用文字和图片总结了这次博览会在人类文明史上的重要性。

然而，许多给阿达写传记的作家均忽略了这一个月，他们只关注阿达赌马的输赢，完全忽略了这场让她和家人、朋

"万国工业博览会"的一处走廊

友都激动不已的博览会。所以，我做了一张时间年表来记录阿达和威廉在这个月内所参加的活动。有报纸也报道了洛夫莱斯夫妇这个月参加的活动。

对巴贝奇、阿达、威廉、安娜贝拉来说，恐怕没有哪个月比这个月更值得期待了。他们全程参与了各种活动。早在去年12月，海德公园刚开始修建水晶宫时，巴贝奇就带阿达去参观过。5月1日，万国工业博览会开幕，他们自然不会错过。这次博览会是最大的一次工业革命成果展。水晶宫里人山人海，展览品从珠宝到机床，一切应有尽有。威廉获得了一辆制砖机。安娜贝拉给拜伦写了封长信分享自己观看展览的体会。阿达和她的朋友巴贝奇、布儒斯特、法拉第、克罗塞都感到万分激动。她永远都忘不了这个月发生的事。

5月中旬这周，阿达参加了约克郡举办的赛马会。《时代》周刊评价这次比赛乃前所未有、空前绝后的盛事。当时，几英里之外都能听到马场里的人声。

阿达仍辗转于各个社交场合。周六晚上，洛夫莱斯勋爵同大卫·布儒斯特爵士、洛可克医生、巴贝奇、惠特斯通、凯特勒一起参加了英国皇家学会的晚宴。第二天，阿达照惯例去看望了母亲，并带上了大卫·布儒斯特。她在拜伦夫人那儿只小坐了片刻，因为当晚她要去参加一场"狂欢会"——为纪念"万国工业博览会"，维多利亚女王在白金汉宫举办了一场舞会。当时，有2000多人参加。舞会于晚上10点正式开始，开场舞是"博览会四对方舞"。直到午夜宾客们才开始用餐，玩到凌晨才纷纷离开。阿达、威廉以及他们的朋友泽特兰夫妇和贝斯伯勒夫妇均受到了邀请。

上一章里提到的"末日"并非指德比赛马比赛，而是指阿达母亲的生日。德比赛马于5月21日在埃普瑟姆丘陵举行。根据《时代》周刊报道，当时泽特兰夫妇和贝斯伯勒夫妇都观看了比赛，不过洛夫莱斯夫妇是否在场并不清楚。最终特

特丁顿——1851年埃普瑟姆丘陵德比赛马冠军

丁顿这匹栗色的马赢了比赛。拉尔夫透露，阿达在这场比赛中输掉了3200英镑（仍然只是听说而已）。德比赛马刚结束不久，阿达就付清了这笔钱。她的年收入只有300英镑，这300英镑里还包括其他的支出，至于她是如何搞定这笔钱的，我并不清楚。根据格雷格的记载，阿达从福特那里借了600英镑，这年春天她又赢了一些钱。到底赢了多少，我们就不得而知了。上一章也提到了，根据马尔科姆的爆料，阿达当时赢了3000英镑。

大卫·布儒斯特爵士

我将下面这两封信也收录于书中，因为这两封信都提到了一本书，很多人认为这是《数学集锦册》。然而，根据传记作家马博思·莫斯利的记载，这可能是一本专门讲"赌博词汇"的书。大英图书馆鉴定这两封信的日期大概为1844年末或1845年初左右。我认为这个日期是错误的。阿达提到了大卫·布儒斯特爵士。布儒斯特是光学领域的先驱，还是《科学烈士》（这是一本关于献身科学事业的科学家的传记）的作者以及万花筒的发明者。

致查尔斯·巴贝奇

亲爱的巴贝奇：

很抱歉今天我不能把那本书借给您了，因为我一整天都需要用到它。不过我明天晚上可以给您，您周三用马车送到霍斯利就行了。

明天（星期二）早上10点半，D. B爵士［大卫·布儒斯特］可能会来。

您的朋友A. L.

［很可能是1851年5月］星期一早晨11点半

致查尔斯·巴贝奇

亲爱的巴贝奇：

今天早上我的行程很满，但是我会抽时间把那本书直接寄给您，麻烦您收到的时候告诉我您需要用多久。

下午我会把这件事告诉大卫·布儒斯特爵士。在定下日期之前，我必须要跟其他人交流交流。

您的朋友A. L.

［1851年5月？］10点50分

致查尔斯·巴贝奇

亲爱的巴贝奇：

我们今天邀请了凯特勒，希望您和大卫·布儒斯特爵士能来同我们共进晚餐并会会他。

拜托一定要来。

没有派对。

A. L.

［1851年］5月27日星期二上午

大坎伯兰广场

几周后，阿达的身体大出血，时间可能是6月初。不过由于她没有出现在埃普索镇赛马会的出席名单里，所以也可能是5月举办比赛期间。医生写信将她的严重病情告知了洛夫莱斯勋爵。6月20日，威廉忧心如焚地赶去离伦敦约100英里的利明顿温泉镇见拜伦夫人。当时，拜伦夫人也病了，正在疗养中。威廉把阿达的病情和她赌马输钱（他明确指出这笔钱

阿
达
：
数
字
女
王

已经付了）的事告诉拜伦夫人时。但是拜伦夫人并不在意阿达病得有多严重。她叫律师发表声明，谴责威廉对阿达赌博坐视不管，进一步澄清她对阿达赌博的事一概不知。

就在威廉去利明顿之前，或许是当晚，阿达给母亲写道："我不理解您所谓的我过去一直有令人胆战心惊的习惯是指什么。"她在信的结尾说大出血后，感觉自己的身体好多了。

接着，拜伦夫人强调了她的观点，并建议阿达提前几周去见大卫·布儒斯特爵士，鼓励阿达和自己科学界的一位朋友一起研究科学知识。她还议阿达去研究路特的科学论文。路特是颅相学家、催眠术师，深受拜伦夫人的欣赏。尽管重病缠身，阿达还是按照母亲的指示去做，努力维持家人的关系。法拉第看望阿达时顺便给安娜贝拉带了一本书来。阿达在6月22日写给安娜的信中说，"医生觉得我不该离开他们的视线"。她还指示安娜现阶段应该学些什么。

6月，威廉去了阿什利科姆。他写信给阿达表达了自己的思念。拜伦夫人听到阿达的病情后所表现出的冷漠无情令威廉感到心寒，她只关心阿达赌博欠了多少债，然而威廉清楚地告诉她这笔钱早已还清了。阿达还没有脱离生命危险，她劝威廉耐心一点。可拜伦夫人自己却还在逼阿达去追求知识上的建树。阿达写信跟母亲说，"洛可克医生说虽然最里面还有些伤口，但都不碍事了……"即便是这种时候，阿达仍在请教法拉第和布儒斯特如何写关于路特颅内实验的论文。阿达已经有好几周没见到母亲了。8月初，她来到布莱顿，对母亲警告道："如果您仔细回想，您已有三四周没见到我了……我的身体状况急转直下，大不如前。洛可克医生说我脸上更多的是死亡的气息而不是生气，说我的手就像'鸟爪'。"

洛可克医生重新给阿达开了鸦片酊。阿达吃了药后似游离于现实与梦境之间。她写道："他们说'即将发生的事总是先投射它们的阴影'……我在想它们有时会先投射光明吗？"到8月中旬时，阿达依然在抱怨自己的病情。她也想尽量变得更理性一些，抱着一切都会好转的希望。然而她却总结地写道："这种病潜藏在身体内部，让人感觉不到疼痛，在不知不觉中摧垮你的身体。"

虽然吃了药的阿达飘到了外太空，但她还是会回到地面给巴贝奇和格雷格写信。安娜贝拉的家庭教师病倒了，这让阿达非常焦虑。9月初，拉尔夫来看望了母亲。此时，阿达又服用了鸦片酊，服药后她产生了幻觉，希望自己能对拉尔夫产生影响。她说："没有人能抓住彗星。让天才去警告天才吧。"

致查尔斯·巴贝奇

亲爱的巴贝奇：

昨晚我忘了告诉您一件重要的事，但在信里很难解释清楚。下周二11点，您愿意跟这个人（利家的一个人）见一面吗？他手上有我父亲的一把来复枪和两把手枪，想转卖给我。

他现在到了走投无路的地步，所以才想把所有的东西都卖出去……他请求我不要对任何人说他的处境，在信中交代我千万记得保密。

您要是愿意见他，看他的东西是不是真的，值不值他开出的价格，这就相当于帮了我们的大忙。

我已经写了封信叫他周二来找您了。不过得先经过您同意，我才会把这封信寄出去。可惜，我昨晚忘了告诉您！

您的朋友A. L.

［1851年］8月22日星期五上午

致艾格尼丝·格雷格

亲爱的格雷格夫人：

瓦赫特尔小姐的遭遇真叫人同情……霍金斯说她得了乳腺癌，即便是做手术也无济于事了。她自己完全没感觉，以为只是个肉瘤类的肿块呢！听到她像以前那样畅想着未来，对自己的命运一无所知，我就感到无比心痛！

请把瓦赫特尔小姐的事情转到给安娜，让她准备好面对这悲惨的消息。

我们准备送给安娜一条丝织裙——由巴黎的一家优秀的女帽制造商制造。你能帮我们张罗这件事吗？她最想要的东西，我们都想尽量满足她。她怎么能没有晨礼服或跳波尔卡舞穿的裙子呢？

瓦赫特尔小姐的命运给我们家，我相信也给你，笼罩了一片阴霾。

你真诚的A. A. 洛夫莱斯

［1851年］8月29日星期六

东霍斯利庭院

"万国工业博览会"即将接近尾声。根据英国皇家委员会11月的报告，参观展览的人数竟超过了六百万。阿达将建筑的平面图和许多展览品的说明寄给了拜伦。阿达以及家人朋友们都在憧憬未来的世界，希望巴贝奇那"想象中的使命"——分析机——能变为现实。这段时间，阿达的很多封信都用了"万国工业博览会"的信纸。

拜伦夫人还不依不饶地鼓励（强迫）阿达做出一番学术上的成就，但是阿达既没有钱，也没有时间。她跟母亲抱怨说，"我的钱包里连5英镑都掏不出来"。生活举步维艰。她只想像一只小鸟一样独自待在"栖枝"之上。

这期间，阿达写的一些信尤为奇怪，因为她把自己描绘成一个普罗大众。她真能预见"即将发生的事情"吗？后来，美国国防部为了纪念阿达，用她的名字给一门计算机语言命名。她在1851年10月底写的这封信非常有趣。

致拜伦夫人

早上我们的谈话就像给发芽的种子（实际上还没有破土而出！）浇上甘露似的。

如果我能给暴君一击，那么我会觉得此生没有白活。

您盼望、期待着那一天的到来。您的话让我深受鼓舞。

我认为如果您看到某些成果的话，您就不会对我这个独裁统治者感到绝望了。即使是那些铁血统治者，遇到我的军队都得退避三舍！

至于我的军队里有什么，我暂时还不能透露。不过我希望这些队伍训练有素、整齐划一、气势浩大，随着音乐踏步前进。难道不神奇吗？

我的军队当然要有士兵，没有这些士兵，我的军队就不是上面提到的特殊军队了。

那么，到底需要多少人呢？这是一个谜。

[1851年]10月29日星期三下午

伦敦

美国国防部为软件
"Ada"打的广告

诗

意

科

学

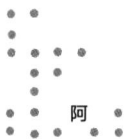

阿

达

：

数

字

女

王

斯坦福大学计算机科学专业的教授说过，想要改变人们对从事数学和科学领域的女性的看法，最好的办法是举行一次会议，开展互动活动。这对所有人，处在任何年龄阶段的人来说，都是适用的。你可以把科学技

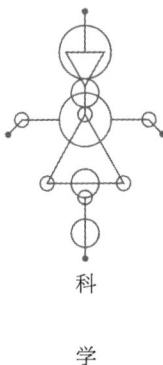

术的最新成果带给你周围的人。你也可以举办你个人的
"万国工业博览会"。

着手一项有吸引力的任务，发挥想象力选择一个主
题。

制订一个有关某个具体科学方法的计划。

实施你的计划。

这本书的部分收入将分给加州大学伯克利分校工
程学院。他们有个项目叫"CITRIS"。我在他们举办
的一次会议上看到了所有能改善人类现状的发明。许多
人认为数学、科学和技术都是无聊的学科，但如果能像
"CITRIS"那样改变人们的想法，这也算得上是一项鼓
舞人心的创举了。

诗

意

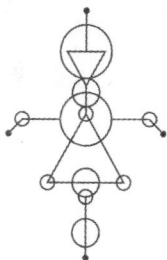

科

学

1851 1852

第二十五章

龙与彩虹

我相信

你的怒火真的

……快爆发了

在生命的最后一年里，阿达给孩子们写了许多封最动人的信。11月中旬，她惊喜地收到拜伦的来信。拜伦在信中分享了自己在尤卡坦半岛的旅行经历，讲到印第安人是如何杀害英国人的，英国人为了报复，又是如何远征杀死数百名印第安人的。他们的战利品是头皮。阿达回复拜伦："听说你要带头皮回来，我觉得毛骨悚然！希望你

大理石拱门

还没有完全变成原始人。"拉尔夫读了拜伦的故事后激动不已，毕竟，他认为印第安人是还未开化的野蛮人。阿达回复拉尔夫说，"对我来说，人性的最大缺陷就在于文明人对野蛮同胞们的行事方式……"显然，阿达是反对拜伦将头皮作为战利品带回英国的，因为她给安娜贝拉写信时说"谢天谢地，他们逃过了'头皮之灾'"。

阿达感觉身体好转的时候就会坐轮椅到周围散散步，去看大理石拱门。大理石拱门跟她住的地方只隔了一个街区。她整天都被困在沙发上，可让她觉得惊讶的是，自己没有变更悲观或者说"更野蛮"。尽管格雷格夫人有时来帮忙，阿达仍然有一大堆的家务事要料理。威廉公务缠身，大部分时间都在东霍斯利塔楼那儿忙农活、建房子。威廉在那儿主要吃打猎餐①，因此，阿达必须得为他找一个女侍从。阿达写信叫安娜贝拉去伺候父亲用餐，还叫她跟父亲一起去参加伯尔夫人的舞会，顺便向他们请教舞步，尤其是怎样跳的问题。

致安娜贝拉

亲爱的安娜：

我已经把你那些无聊的小插图寄给拉尔夫了。我看了忍不住发笑。昨晚我写给他的信也寄给了你……

明天下午，你父亲要去霍斯利。今天早上，我把你的信拿给他看了。他对家里宠物过多导致的后果比较生气，抱怨花匠只顾追赶鹦鹉。我没有预料到他会有这种反应。本来我可以自作主张地扣留你的信，但是我觉得太好笑了，估计你父亲读后也觉得好笑。

恐怕他不会接受你对那些橡树的哀悼（我当然没意见）。你父亲认为橡树长得太自由，挡住了那座塔。他不允

---

① 英国贵族阶层在打猎前需要食物充饥，以维持活力，所以男士们会聚在一起吃一顿食材比较特别的乡村早餐。一般此类早餐包含如下食物：烤牛肾、羊舌、丘鹬、画眉、被掏空内脏的禽类等。——译者注

许任何人为这些树说话。你知道的，那座塔是你父亲的第一件作品，对他来说就跟自己的生命一样。

周六你必须去霍斯利接替我的工作，尽量表现得听话点儿、勤快点儿。父亲希望你和他一块去，帮他接待客人。现在你已长大，有足够的人生经验，这对你今后的工作是一次难得的演练机会。你结婚后会成为一名好妻子的。如果你年轻的时候不结婚，那么你对我还有什么用呢？我的意思是（除非你逃婚），我会把你当奴隶看待，你会变成我的傀儡。

[1851年]11月22日星期六

东霍斯利的内部走廊

致安娜贝拉

亲爱的安娜贝拉：

伯尔夫人叫我转达她对你的喜爱，她正忙着张罗舞会的事。我们在考虑给你做件裙子这件大事。我觉得你适合戴头纱的年轻西班牙女郎打扮。那件裙子是全黑的，没有一点儿花纹，我们觉得很符合你庄重的气质。我们本想把你打扮成"伊莎贝拉公主"（卡斯蒂尔的伊莎贝拉的女儿），但她的裙子特别丑陋，就像穿铠甲的女巫似的，所以我们放弃了。你知道你父亲被这个舞会折磨惨了，他觉得自己是殉道士，尤其在穿上阿尔巴尼亚人的衣服后就更像了（穿上这套衣服他肯定是人群中最亮眼、最出众的那个）……

告诉你父亲洛可克医生今天来过，说我的病情在好转，他还说这是因为我安静少动的原因。

别忘了告诉他这事，因为你父亲被洛可克医生的话吓到了。当然，我们也不能奢望太多。

非常爱你的A. L.

[1851年] 11月28日

威廉并不期待这场舞会。阿达写信说，安娜的那身戴头纱的西班牙女郎的打扮肯定会令他骄傲不已。此时，住在伊舍的拜伦夫人也病倒了。阿达依旧照例给母亲写信，说自己有种"说不出的不适"。她听了G. 威尔金森爵士①的建议正在服用大麻，结果还是只能靠鸦片来减轻痛苦。催眠对她根本没用。巴贝奇很担心阿达的身体状况，特意替她咨询了J. 索斯医生。

到1852年初，洛夫莱斯夫妇的经济越来越拮据了。威廉至今也没收到拜伦夫人之前答应要赞助他们的维修费，同时，阿达又需要护士日夜守在她身边。

拜伦夫人通知律师勒欣顿（住在洛夫莱斯夫妇奥卡姆的房子里）说，只要阿达列出她所欠的债款，她就考虑帮她偿还债务。4月，当勒欣顿去见阿达时他惊呆了。阿达的病比他想象的严重得多。她卧病在床，虚弱无力，要靠麻药才能缓解疼痛。之后，勒欣顿收到了阿达寄来的一张债务列表。拜伦夫人审查完这张列表后，对发型师的账单表示怀疑，她还建议阿达找个催眠师而不要再服用鸦片了。

拜伦夫人给阿达和勒欣顿分别写信讨论奥卡姆教区牧师的问题。阿达大力举荐老友加姆伦担任新的教区牧师。拜伦夫人只是表面上同意了这个提议。勒欣顿在写给拜伦夫人

---

① 指加德纳·威尔金森。——译者注

的信中问："为什么不让加姆伦先生试试呢？"更怪的是，最后当选的并不是加姆伦，而是阿达传闻中的情人及赌友约翰·克罗塞的哥哥罗伯特·克罗塞。

8月30日，勒欣顿给拜伦夫人写信讨论阿达的债务问题，他说有人借阿达名义，以"盈利目的"为借口，在阿达不知情的情况下擅自挪用了资金。这句话影射的究竟是谁我们不得而知，我们只知道查尔斯·巴贝奇是阿达诸多事宜的执行人。

由于拜伦4月要来，阿达提前给他写了一封信。阿达很担心拜伦，因为他很久没见到母亲了，见面后他可能会看到一个病入膏肓的母亲。她说："恐怕我只会令你们这些年轻帅气的小伙子感到厌烦。"目

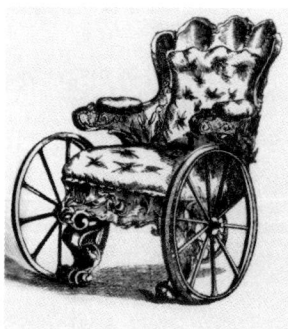

残疾人轮椅

前，阿达只能坐着"残疾人轮椅"到处转转。信件最后，阿达特别用"你最亲爱的母亲"落了款。

拜伦夫人已有好几月没去看女儿了。5月19日和21日，拜伦夫人替阿达偿还了2800英镑的债务。她还特别声明这些钱均跟赌博欠债无关。作为还债条件，阿达同意去见母亲。拜伦夫人不喜欢洛可克医生的治疗方法，并逼阿达请别的医

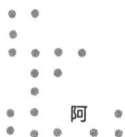

生。之后，洛可克给阿达写信说："他们就不能不干扰我们吗？"

拜伦夫人正逐步地侵蚀阿达的支援体系。

致拜伦夫人

我想您肯定好奇我吐出秘密（考虑到其保密的性质，这个秘密绝非小事）后会睡得怎么样。

我昨晚睡得很好，没之前那么疼了。另一方面，我欠的债没之前多了，这也是疼痛得到缓解的原因。

最后，我可以轻松地告诉您那个秘密了。我觉得不该对您有所隐瞒，这么做对您一点儿也不公平。如果有人在某种情况下得到了别人的帮助，那么他似乎不应该对那个人隐瞒自己最重要的事……

说完秘密之后我特别想见您一面。最后或许我会满意地发现，您并不会把我吃掉。

[日期不明]星期一上午10点

致拜伦夫人

您在三四天前寄来的那封信里说"坦白是一种美德"。但是，您也知道说出去的话泼出去的水，过于直白也是种可怕的缺点。坦白要么是杀人利器，要么就是救人的解药，冒险去杀人而不是救人是需要勇气的。

遇到任何事，我们情绪一激动，丧失思考能力时，就容易有实话实说的危险。当然有足够的时间思考的话，这种危险肯定就会减少。

我相信您以玩笑的语气说的那些话都是认真的，您真的会大发雷霆。

现在，一想到您的事，我倍感痛苦。生病期间，这些事一直沉重地压在我心头。所以刚见到您时，我会不由自主地紧张起来。然而，现在我最渴望的大概就是见您一面了……

1852年6月1日星期二

拜伦夫人确实大发雷霆。6月11日，阿达将一套钻石首饰拿给约翰·克罗塞去典当。拜伦夫人用800英镑外加100英镑的利息赎回了这套首饰。阿达答应母亲6月17日去看催眠师，然而她的病还是没有好转。

就在这时，威廉发现约翰·克罗塞原来是个已婚男人，但是约翰本人从来没提过这件事，也没有把妻子带到公共场合过。当时，这么做是有悖礼仪的。威廉拿这件事去质问克罗塞，克罗塞只是吞吞吐吐，含糊其辞。8月4日，克罗塞来访时，阿达又给了他一件钻石饰品，10月11日她才想起这件事来。

8月，曾给拜伦勋爵画过两幅著名肖像画的亨利·菲利普斯（托马斯·菲利普斯的儿子）给阿达画了一幅肖像。画中，阿达跟安娜贝拉坐在钢琴边弹二重奏。阿达见到从海边回来的拜伦心情大好。她请求拜伦夫人让远在瑞士德费伦贝格学校读书的拉尔夫回来，这样孩子们就可以聚在一起了。

阿达跟威廉说她想葬在父亲旁边，还让他通知怀尔德曼上将好安排这些事情。8月12日，巴贝奇来看望阿达。阿达怀疑医生第二天就把她的病情预判寄给了巴贝奇。

后来，据巴贝奇透露，从那天起，阿达就失去了对房子和人生的掌控权。我同意巴贝奇的说法，因为自8月20日拜伦夫人搬进阿达家之后，就再也没有任何信件了。

致拜伦夫人

您即将看到一个帅气的年轻小伙子！他已经不再是小男生了！长高了，壮实了，声音也变得有男人味了。不过说真的，他帅气逼人，让人眼前一亮！

他见到我时表现得很不安，对眼前的变化感到很失望。看得出他在努力用男人的方式控制自己的情绪。

我怎么能不顾及他的感受呢。恰好相反。他确实是我最渴望见的人。

[1852年8月初] 星期日晚

拜伦

安娜贝拉

致奥卡姆勋爵拜伦

我亲爱的孩子：

最近，我们之间的交流太少了，我觉得最好还是代你父亲给你写封信……今天我感觉自己比前几周（事实上应该是比前几个月）有所好转……

你的到来使我重获新生，尤其是看到你变成我期待的那样，我倍感欣慰。

阿
达
：
数
字
女
王

能再看到你，我心存感激，对未来立刻又充满了希望。

若能再次见到你那张亲切的脸，我将无比开心……

爱你的母亲

1852年8月9日

致查尔斯·巴贝奇

亲爱的巴贝奇：

我写这封信是想请您做我的遗嘱执行人，以免我还没有写完遗嘱就突然离世了。我请求您帮我处理以下几个方面的事情：1. 从母亲那里申请600英镑，并按照我之前私下跟您交待的那样使用这笔钱；2. 找银行家德拉蒙德先生，让他给您我的银行账户和余额（如果有的话），还有之前的汇票；3. 我们之前保存的文件和财产都由您来处置，您全面检查一遍后再决定怎么处置吧。

您必须把我账户里的余额加到那600英镑里，这笔钱的使用请按照私下跟您说的方式处理。

您肯定能帮我完成上面的事，对此我毫不怀疑。

最真诚的、爱您的奥古斯塔·阿达·洛夫莱斯

1852年8月12日

致玛丽·威尔森

威尔森：

希望你在我生命中的最后几个月或几周里保持沉默、不离不弃。你马上就会收到我对你的感谢。你是我这一生最忠心、最贴身的仆人。趁我还能写字，我想把这句话写下来。

我希望上帝能再多给我点儿时间，让我做完想做的事。但是我可能会突然离世，所以我要抓紧每分每秒给你写这封信。希望你离开这个世界的时候能感受到至高无上的主对你的信任、感激和感谢。

你的朋友奥古斯塔·阿达·洛夫莱斯

1852年8月18日

大坎伯兰广场6号

查尔斯·狄更斯

8月19日，阿达请查尔斯·狄更斯到家中朗读《董贝父子》中小男孩死去的一幕："现在小船已经驶进海里，但它仍旧继续平稳地向前滑行着。现在海岸出现在了他前面……墙上金黄色的涟漪又重新在荡漾，房间里没有别的在动。那古老而又古老的先例啊！随着我们有了最初的衣服，这先例就已创立了，它将永不改变地延续下去，直到我们的族类走完了他们的旅程为止，到那时辽阔的苍穹就像一幅卷轴似的收卷了起来，那古老而又古老的先例——死亡啊！啊，凡是看见的人都要感谢上帝，为了那更为古老的先例——永生！"狄更斯走出阿达的房间，被阿达面对死亡的勇气和毅力感动了。他是除了拜伦夫人的朋友和医生外，唯一一个陪着阿达度过生命最后一秒的非家庭成员。就在阿达死后的第二天，拜伦夫人就搬进了大坎伯兰广场。

9月1日，阿达当着拜伦夫人的面向威廉忏悔了自己的罪过。威廉带着沉痛的心情走出房间，然而他到死也没说出阿达对他说的话。他的手迹非常潦草，就像鸽爪写的字，但还是能认出他说他在死前一定要让世人知道："拜伦夫人是这个家里的情妇，阿达就是她母亲的'鸟儿'。"

拜伦夫人解雇了阿达的贴身仆人玛丽·威尔森。接着，她充满爱意地坐在阿达身边，心中坚信阿达所受的折磨是通往天堂的旅途。在拜伦夫人的建议下，金博士为阿达撰写了一篇几页长的布道文，文章主要讲的是受难的品行乃洗去罪恶的一种方法。

在忍受了三个多月的折磨后，1852年11月27日晚9点30分，阿达离开了人世。她之前要求威廉将她葬在父亲的旁边，死后她终于可以同生前不曾相见的父亲团聚了。

12月3日，阿达被葬在赫克诺尔·托克哈德靠近纽斯泰德的一个小教堂里，正好在父亲的旁边。拜伦夫人没有参加阿达的葬礼。阿达的棺材上覆盖着紫色的天鹅绒，棺材的手柄是银子做的，两头装饰着巨大的银质皇冠，盖上的锁眼上雕刻着洛夫莱斯公爵和阿达的座右铭——"劳动即快乐"。

IN THE BYRON VAULT BELOW
LIE THE REMAINS OF
AUGUSTA ADA,
ONLY DAUGHTER OF
GEORGE GORDON NOEL,
6TH LORD BYRON,
AND WIFE OF
WILLIAM, EARL OF LOVELACE.

BORN 10TH DECR 1815,
DIED 27TH NOVR 1852.

R.I.P.

阿达的墓碑

本书的主题"诗意科学"是阿达生前创作的一首十四行诗的写照。阿达本来要求将这首诗刻在她的墓碑上。我们在拜伦夫人后来为阿达修建的纪念碑上找到了这首诗：

彩虹

怀着希望和感恩鞠躬，你们都来致哀

那无与伦比的璀璨之光

超越了世俗的色彩——让暴风雨平息，

自然的斗争和眼泪，它来自天堂

抚慰你的悲伤、罪恶和孤寂；

这种可爱亲切的预兆，激发

希望和信念的神圣力量

悲伤带有潜在的美好，我们受尽了它的折磨。

它像天空温柔的忏悔，

唤起所有的罪恶感，

在眼泪和叹息中展现和谐；

有一种誓言——深埋心底，

有一丝隐藏的光明永不熄灭

冲破暴风雨，绽放最纯洁的色彩。

我在本书中强调我们应该将诗歌技巧、想象力同科学或数字技巧结合起来。拥有直觉上的"全局观"非常重要，但还不够。这种方法常常导致脱离事实的浪漫想象的产生，而且会让我们产生这样一种想法，即认为一切事物都是数字或都是一个计算机程序。当我们把这些观点结合起来时，我们才会离真理又近了一步。

将基本的数字技巧记在大脑里，或者正如阿达所说"使之成为你思维的一部分"，这一点很关键。正因为有这种理解，阿达才能写出让机器运算的伯努利数表。她最擅长的是把诗歌和科学联系起来，所以能够"先于事实"认清事物。我们可以使用她的方法，将伟大的技术、计算机的概念和我们每个人的个性联系起来，而不是认为我们在数字世界中就只是毫无用处的存在。

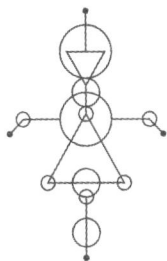

诗
意

科
学

最后一项活动：制作一个万花筒

阿达的好友大卫·布儒斯特爵士是万花筒的发明者。阿
达生前买过的物品中有一样就是万花筒。我和阿达一样都喜
欢万花筒，因为我认为这个发明体现了想象力和科学的完美
融合。完成这本书后，我为了学习万花筒的制作方法，专门
去了一趟布儒斯特协会大会。下面是一些详细信息和简单的
图案。

警告：

切割镜子非常危险，为了安全起见，建议直接购买制作
万花筒的材料。

"万花筒"这个词来源于希腊语，本意指"能用来观
看具有美丽形状的物体的仪器"。下面的指南只适合做最简
单的万花筒，将三块镜子粘在一起形成一个三角形的空洞即
可。将这些镜子放进一个空管里，旋转这个管你就能看到变
化的图案。

布儒斯特制作的
最原始的万花筒

指南：

准备一些透明塑料、硬纸板，几块彩色透明玻璃或塑料（手工珠子），以及一些胶水。

显像管

1. 将管子切割成合适大小，将凹凸的地方弄平。

2. 剪裁镜子，使它与显像管一样长，比显像管的直径略窄。将硬纸板剪成镜子的形状。在剪硬纸板之前，要确保镜子能装到显像管里。

3. 将镜子摆成等边三角形的形状，反光面朝内。镜子外用胶带固定好。

4. 将镜子放进管子里，有必要的话，用泡沫橡胶或泡沫填充颗粒包起来。

5. 用硬纸板做一张和显像管同样大小的光盘，在光盘中间打一个孔。将光盘粘在显像管的底部。

物体舱

6. 将透明塑料剪成两个与显像管等直径的镜头。

7. 将硬纸板剪成1英寸宽的、稍微比显像管周长长一点儿的纸条，两头用胶水粘起来。

8. 用胶水将硬纸板做的圆环粘在一个镜头上。

9. 将物体放在有圆环的镜头前，要能盖住镜头底部，但

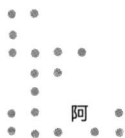

阿

达

：

数

字

女

王

要保证另一个镜头粘在圆环上后，这些物体能够滚动。

10. 将另一个镜头粘在圆环上。

最后的组装和使用

将物体舱和显像管的开口处组装在一起。举起组装后的万花筒对着阳光，观看镜子里的图案。

附　录　一

本书为电子书，是《阿达：数字女王——拜伦勋爵之女的书信选集及她对第一台计算机的描述》（1992年，斯特拉波利出版社）的第二版。本书中的许多信件都来源于之前的那本书。因为现在的版权是一个模糊的概念，所以我会大概说明哪些内容是有版权的，哪些是没有版权的。写第一本书的时候，我不能将电脑带进大英图书馆或牛津大学的图书馆，所以我只能将这些信件抄写下来，然后再付费请现已故的拜伦研究大师安德鲁·尼克森核对这些信件。我和"洛夫莱斯–拜伦收藏"享有共同的版权。书中的大部分信件都是我在牛津大学找到的。"洛夫莱斯–拜伦收藏"和"萨默维尔收藏"存放在牛津大学博德利图书馆的典藏部里。

这本电子书的版权归我所有，如果你引用的内容超过一百字的话，就必须提前写信到Critical Connection出版社征求同意。出版社的地址是：加利福尼亚州索萨利托452号邮箱，邮编94966。阿达写给家人、朋友、老师的信大都收录在"洛夫莱斯–拜伦收藏"里，写给萨默维尔、沃伦佐、格雷格的信都收录在"萨默维尔收藏"里。不过，她给查尔斯·巴贝奇写的信被单独存放在大英图书馆里。如要引用这部分内容，请务必予以告知。因为这本书的缘故，工作人员专门把阿达在8月6日那天给巴贝奇写的一封信拿给我看。我认为这封信是最重要的一封，若需引用，请事先征求同意并予以告知。

关于阿达一生的财产问题，直到本书排完版后我才有了结论，因此，我把这部分内容放在脚注里，也当作本书的一部分。本书从头到尾都在讨论钱的问题，但是我们很难用恰当的角度来分析这些数字。有人指控阿达一次赌马输了3000英镑，是她300英镑收入的十倍多。因此，对这些钱的来源需要进一步做说明。她的收入在当时来看是处于怎样的地位呢？

我在书中说300英镑的收入在当时相当于一个教师的工

资。有位读者不同意我的观点。他是这么回复的："至于金钱的价值，这是一个复杂的问题，主要是因为当时生活成本的构成要素和今天大有不同……此外，各个社会经济阶层之间的差别非常悬殊。所以，简单地用现代的物价平减指数去衡量维多利亚时代的价格是不科学的。我认为你朋友的观点是对的，在那个时代，300到400英镑是一笔非常可观的数目。"

有关这个话题的更多信息可以参考威廉·圣克莱尔编写的《剑桥英国史·第六卷》。作者在里面讨论了当时的实际收入和工资的问题。

阿达不仅要跟她的老师德·摩根（她总给这位老师送礼）这类人比较收入，还跟母亲与丈夫比较。她母亲的年收入接近7000英镑，是她的20倍。丈夫的收入也比她的收入多，她想叫丈夫多给她点儿钱。我认为，虽然她的收入在当时的社会来说还算可观，但是和家人的收入比起来，她难免会有落差感。

我在尾注后面列出了附说明的参考文献，对我来说这些文献和尾注同样重要。我还列举了一些非常有用的网络资源供读者参考。我本来想找最精华的资源，但是假如你搜索的话，就会发现网上可供参考的资源浩如烟海。

我对这本电子书里的尾注进行了编辑。书里的信息和参

考文献就足够读者去搜寻各种资源了。尾注是按照页码、原文出处、参考书或评论的顺序来编排的。

尾注

第26页 "计算设备的起源"：见参考文献。

第92页 "霍姆斯曾这样"：理查德·霍姆斯，《柯勒律治：早期的构想》，维京出版社，1989年，第1页。

第188页 "软件工程过程"：小弗雷德里克·P.布鲁克斯，《没有银弹：软件工程的本质性与附属性》，《计算机》第20卷第4期（1987年4月），第10-19页。

第189页 "《计算机》的客座编辑"：丹尼斯·巴奇，《计算机生成的音乐》，《计算机》第24卷第7期（1991年7月），第6页。

第197页 "语言具备了两个非常重要的性能"：假设你要在电话号码簿上手动加上以"A"开头的50个新名字，你就会明白这种性能的重要性。这就是类似"Ada"语言的程序不再单独使用时，需要对软件系统做的改变。

第201页 "阿达的图表进一步"：J. M.杜彼，《查尔斯·巴贝奇的数学成果》，剑桥大学出版社，1978年，第211页。

第207页 "巴贝奇用总结的语句"：大英图书馆Add MSS137197-215，1857年6月14日。

第207页 "如果我能再多活几年"：《查尔斯·巴贝奇和他的计算引擎：查尔斯·巴贝奇著作选集》，菲利普·莫里森和艾米莉·莫里森主编，多佛出版公司，纽约，1961年，出自《一个哲学家的生命历程》重印版，第68页。

第208页 "再等70多年的时间"：《一种计算机视角：计算机时代的历史背景》，查尔斯·伊姆斯事务所，出自I·伯纳德·科恩的引言，第7页。

第279页 "到1850年时"：这一章的信息是从各种证据、银行账簿和文学作品中查找的。有关阿达赌博的消息大都出自拜伦夫人之口。拜伦夫人曾想方设法地毁坏阿达和威廉的形象。然而事实与她的想法相悖。不幸的是，这些虚假消息在社会上流传开来，后来慢慢地演变成了事实。在此，我想再次引用马克·吐温说的那句话："真理很容易消失，谎言却能流传千古。"

第333页 "8月19日"：出自《董贝父子》，查尔斯·狄更斯，《董贝父子》大众版，1997年，第220-221页。

  此参考文献目录为对书中的某个人物或某段故事感兴趣的读者提供了一个真实可信的阅读起点。下面只列出了一部分我获得的一手或二手资料。书中的所有信件，除有特别注明外，均为一手资料。引用自其他出版物中的信息为二手资料，已在上面的尾注中注明。任何人引用本书中的第一手资料都必须指出是引自本书，而不能直接引用原始资料，否则很容易出错。作者或各类媒体若引用本书内容超过一百字时须征得本人同意。如果有学者想参考我使用的第一手资料，我可以提供以下的信息：

一手资料

  洛夫莱斯-拜伦文献，牛津大学博德利图书馆典藏部。书中所有信件都有日期和地址，方便读者在目录中查找。

  萨默维尔文献，牛津大学博德利图书馆典藏部，参考的文件是SP206，355，367，369。

  巴贝奇的信件存放在伦敦大英图书馆。阿达给巴贝奇写的所有信件都被用在了本书里：Additional MSS-37189：281。Add MSS 37190：386-7。Add MSS 37191：87-8，127，134，343-4，532，566-568，572，591，632，633-634，691-2。Add MSS 37192：75，126，129，237，278，

335，337，339，342，348，349，355，357，360，
362，364，370，379，382，386，388，390，393，
399，401-3，407，414，422，429。Add MSS 37193：
132，134，176，228，232，238，239，252，257，
259，263，286，287，550。Add MSS 37194：14，176，
184，196，203，207，214，230，232，237，250，
252，256，309，317，334，358，361，363，415，
430，438，444，532。还有一封信是由一位私人藏家提供的。

温特沃斯遗产，伦敦大英图书馆。

二手资料

伦敦古物学会会员理查德·泰勒主编的《科学研究报告：国外科学学院和学术团体学报与国外杂志节选》，具体刊号为1843年（伦敦）的第3卷第29篇。图灵的军事工程师L.F. 梅纳布雷亚执笔的《查尔斯·巴贝奇先生的分析机概述》（日内瓦世界图书馆的1842年10月第82号期刊）

其他信件出自科妮莉亚·克罗塞著的《阿戈西》，1869年11月。

阿达·洛夫莱斯、查尔斯·巴贝奇及计算机历史的相关书籍

马尔科姆·埃尔温的《拜伦勋爵一家》（约翰·默里出版社，1975年）和多丽丝·兰利·摩尔的《阿达，洛夫莱斯伯爵夫人》（约翰·默里出版社，1977年）这两本书是了解阿达和她家人的优秀入门级著作。发表在《计算机编年史》（1980年10月，第2卷第4期）上的维尔马·哈斯奇和哈利·哈斯奇的介绍性文章《洛夫莱斯夫人和查尔斯·巴贝奇》写得相当不错。1985年，麻省理工大学出版社出版了《阿达：人生与遗产》。紧接着1986年，琼·鲍姆撰写了《阿达·拜伦的计算热情》，由阿肯图书出版。书中，作者开始纠正有关阿达的新传言——阿达没有写过介绍分析机的注释，她只是巴贝奇的秘书而已。1999年由麦克米兰出版的本杰明·伍利的《科学新娘》这本书没有提供太多新的内容，不过作者的文笔非常优美。

我找到了几部关于巴贝奇的传记，其中写的最好的是安东尼·海曼的《查尔斯·巴贝奇：计算机先驱》（牛津大学出版社，1982年）。查尔斯·巴贝奇的自传《一个哲学家的生命历程》（朗文格林出版社，1864年）是一部非常珍贵的作品，海曼写的巴贝奇传记就引用了这部自传中最重要的内容。海曼的《科学与改革：巴贝奇作品选》（剑桥大学出版社，1991年）这本书探讨了科学发明和政府之间的重要且微妙的关系。由皮克林和查托出版的11卷版的《查尔斯·巴贝奇的作品》（马丁·坎贝尔-凯利主编，伦敦，1989年）在很多大学图书馆都能找到，这本书也包含了巴贝奇的自传。1991年，伦敦科学博物馆专门举办了一场展览以纪念巴贝奇的诞生。多兰·司瓦德的《查尔斯·巴贝奇和他的计算引擎》是一本有关这场展览会的指南类书籍，作者写得很精彩。这本书被存放在伦敦科学博物馆里。2000年，多兰·司瓦德还给巴贝奇写了一部传记，名为《嵌齿轮的大脑》。对阿达的贡献分析得最恰当的是杜彼的《查尔斯·巴贝奇的数学成果》（剑桥大学出版社，1978年）。讲述计算设备历史的作品还有很多，最好的两部是乔尔·舒尔金的《大脑的引擎》（诺顿出版社，1984年和1996年）和斯塔福德·比尔的《从鹅卵石到计算机：连接线》（汉斯·布洛姆拍照，大卫·铃木作序，牛津大学出版社，1986年）。马克·弗劳恩菲尔德的《计算机历史：插图版》（2007年）也是一部佳作。还有三本讲计算机时代的思维技巧的作品：保罗·戴维斯、鲁本·赫什、哈考特、布雷丝和约万诺维奇合著的《笛卡尔之梦》（1986年），迈克尔·克莱顿的《电子生活：如何看待计算机》（巴兰坦图书出版社，1984年），唐纳德·诺曼和艾迪森-卫斯理合著的《让我们变聪明的东西：在

阿

达

：

数

字

女

王

机器时代捍卫为人类的特质》（1993年）。

阿达·洛夫莱斯、查尔斯·巴贝奇及计算机历史的相关媒体资料

你可以通过网络搜索获取最新的信息。相关的搜索结果有很多，这里只列举一小部分。阿达的照片在"阿达画廊"中可以找到。在耶鲁大学官网可以查到"阿达项目"。从"阿达项目"处可以找到"历史上的女性"这一栏。IEEE将与之相关的其他资源放在了"计算机史上的女性"这一页里。搜索"阿达·洛夫莱斯日"，你会找到上万个相关的博客。关于巴贝奇也可通过网络搜索。

拜伦勋爵和拜伦夫人的相关作品

有关这方面的书不计其数。首推莱斯利·马钱德的《拜伦：一幅肖像画》（约翰·默里出版社，1971年）。马钱德的平装书《拜伦勋爵：书信日记选》也可以参考。我手里的是1982年哈佛大学出版的版本。马尔科姆·埃尔温的《拜伦勋爵的妻子》（哈考特·布雷丝出版社，1962年）是一部优秀的学术著作，揭示了拜伦夫人的谎言。朗福德夫人为拜伦写的传记也很有参考价值。多丽丝·兰利·摩尔、马尔科

姆·埃尔温、彼得·昆内尔和迈克尔·福特为拜伦写的传记同样非常不错。其中，我最爱的一本传记是约翰·德林克沃特的《永恒的朝圣者》（霍德和斯托顿出版社，1925年），不过这本书比较难找到。许多书店和图书馆都有拜伦的诗歌和散文，这些文献可以列为参考书目。阿萨·布里格斯的《前进的时代：1783—1867》（朗文平装出版社，1979年）描述了从拜伦勋爵到安娜·布伦特夫人这一段时期的历史。

阿达女儿安娜·布伦特（安娜贝拉）的相关作品

　　朗福德夫人写了一本关于安娜贝拉的丈夫威尔弗里德·斯科恩·布伦特的传记《激情的朝圣之旅》（格拉纳达出版社，1979年）。这本书（平装版）描写了安娜贝拉和丈夫在阿拉伯骑马旅行的经历。安娜·布伦特夫人是第一位在阿拉伯骑马旅行的欧洲女性。为了记录这次旅行，她写了一本带有插图的书《内志朝圣之旅》。这本书于1881年由约翰·默里出版社首次出版，现在各大书店都有这本书的平装重印版。她从1878年到1917年写的日记都被收录在《安娜·布伦特夫人：日记和书信》（罗斯玛丽·阿彻、詹姆斯·弗莱明主编，亚历山大·赫瑞特出版社，1986年）中。

附 录 二

后记与人物简介

在这里简单地提一下阿达死后洛夫莱斯家人的情况。拜伦夫人拿阿达赌博的事把洛夫莱斯勋爵责怪了一通。此后，两个人再也没说过话，只通过律师互通信件。1865年，洛夫莱斯勋爵再婚。他的余生是在修筑塔楼和隧道中度过的。后来的阿什利科姆看上去就像一座类似玩具的防御建筑。

拜伦，也就是奥卡姆子爵，回到了海军部队。后来他退出了海军，用别的名字在一家造船厂工作。1862年，也就是拜伦夫人死后的第三年，奥卡姆子爵因肺病离开人世。拉尔夫继承了温特沃斯的头衔，使用米尔班克（拜伦夫人父亲的名字）这个名字。他出版了一本书信集《阿施塔特》，主要为拜伦夫人做辩护。但是，很多聪明的读者都发现了书中的一些谎言。拉尔夫把自己的问题都怪在父母身上。他酷爱登山，和第一个妻子生了一个女儿，之后再无子嗣。安娜贝拉肩负起继承香火的责任。1869年，32岁的安娜贝拉嫁给了威尔弗里德·斯科恩·布伦特。夫妻两人把阿拉伯马引入英国，繁殖出了克拉贝特种马。安娜的人生非常精彩，也非常复杂，我们必须要读有关她的书和她自己的作品才能更好地了解她。安娜拥有长寿的人生，1917年于开罗去世。她唯一的女儿朱迪斯嫁给了利顿勋爵。朱迪斯继承了家族的传统，也对马和数学有着浓厚的兴趣。她最出名的事迹就是用二进制系统追溯赛马的血统。她的儿子，也就是后来的利顿勋爵，是一位口才极佳的作家。他于1985年去世。现在的利顿伯爵是朱迪斯的孙子。从我得到的几封信来看，这位利顿伯爵继承了家人在书信写作方面的天赋。

查尔斯·巴贝奇（1791—1871），妻子死后终生未婚。42岁时他认识了阿达，当时阿达才17岁。巴贝奇的主要成就有：提出"一便士邮资制"的想法，发明灯塔用的震荡光，为保险行业研制了一种能使用几十年的表格，进行彩印实验，等等。随着拜伦夫人入住阿达家并"接管"一切后，巴贝奇和德·摩根的友谊也走到了尽头。

大卫·布儒斯特爵士（1781—1868），苏格兰物理学家、自然哲学家，因光的偏振研究而闻名。他是万花筒的发明者。阿达收集过万花筒，我也一样。阿达的账户显示，万花筒是她在世时最后购买过的物品之一。

安德鲁·克罗塞（1784—1855），英国人，做过电流实验。他的研究领域是电流结晶。他的住宅位于萨默赛特的菲尼花园附近，距离阿什利科姆大约20英里。

奥古斯都·德·摩根（1806—1871），英国数学家，主要研究逻辑学。他毕生都在写关于数学、哲学和古文物的文章。曾在大学（该大学现已并入伦敦大学）当教授。他给巴贝奇写的信全是密码电文。阿达死后，他们的友谊也走到了尽头，因为他的妻子索菲娅·弗伦德站在拜伦夫人这边，强烈反对阿达。

迈克尔·法拉第（1791—1867），英国化学家、物理学家，发现了苯，发明了发电机。他最重要的研究成果是电与磁，发现了电磁感应，为简单的电动机和第一台发电机的产生做出了巨大的贡献。他发现磁场的能量存在于铁条周围的空间里而不只是在铁条上。当时，这个理论（场域理论）受到了嘲讽，直至他去世后才被詹姆斯·克拉克·马克斯维尔

（1831—1879）证实。

萨缪尔·加姆伦（1783—1855），1805年被牛津大学贝利奥尔学院录取，1811年获得了文学硕士学位。他曾是约克郡博萨尔的牧师。阿达死后，1854年，他被拜伦夫人任命为莱斯特郡柯克比·马洛里教区的牧师长。拜伦夫人似乎比较喜欢他，不过在1852年时，拜伦夫人命令他，不准他跟阿达走得过近。有段时间，阿达对他的欣赏超过了巴贝奇。他是阿达最好的朋友之一。每个传记作家都误解了他的职位以及他与阿达的关系。

特蕾莎·圭乔利伯爵夫人（1799?—1873），先嫁给了脾气古怪的有钱人，结婚一年后在威尼斯遇到了拜伦勋爵（1819年4月），并无法自拔地爱上了他。她称拜伦勋爵为"男仆骑士"。之后教皇准许她同丈夫分居，拜伦勋爵也继续同她发展"最纯粹的通奸关系"（用他的话说）。

墨尔本子爵二世威廉·兰姆（1779—1848），英国首相，任期为两个时间段：1834年7月至1835年1月以及1835年4月至1841年8月。他是拜伦夫人的大表哥，从1837年开始担任维多利亚女王的首席顾问。他的母亲是拜伦勋爵的好友，也是拜伦夫人父亲的姐姐。威廉的妻子卡洛琳·兰姆跟这些人的关系更为复杂。她和拜伦勋爵的事情无人不知，是"乱伦谣言"的出处。1838年1月，墨尔本勋爵拜访了拜伦夫人。此时，他还没有见过阿达。1838年6月，威廉被授予伯爵头衔。原因要么是因为墨尔本勋爵的影响力，要么是因为威廉在爱奥尼亚岛服役的缘故。安东尼·海曼在书中描写了墨尔本勋爵与巴贝奇的关系。

托马斯·莫尔（1779—1852），拜伦最好的朋友之一。1830年，拜伦夫人一边在纠正阿达爱狡辩的毛病，一边在忙着收集证据，以驳斥莫尔自传和拜伦勋爵书信中所说的内容。拜伦在信中说明了他对分居的看法。

约翰·默里二世（1778—1843），1768年，约翰·默里一世在福利特街成立了第一个图书发售和出版公司。他的儿子约翰·默里二世成为了伦敦有名望的出版商。由于出版了拜伦的《恰尔德·哈洛尔德游记》及他后来的一些作品，默里的生意越做越成功。

玛丽·萨默维尔（1780—1872），萨默维尔夫人的科学成就在一些叙事作品中有记载。她给我印象最深刻的地方就是她的人道主义精神和她对阿达承受的压力的同情。萨默维尔夫人鼓励阿达去寻找生活的平衡点，关心自己的需求和身体状况。直到阿达快离开人世时，萨默维尔才直言不讳地谈论了拜伦夫人。她从儿子沃伦佐·格雷格那里听说了拜伦夫人的事情，并公开写信指责拜伦夫人的强势态度。但这封信没能保留下来。拜伦夫人以一贯"自我辩解"的方式做出了回应，这次她把责任推给了"鳏夫"巴贝奇。

查尔斯·惠特斯通爵士（1802—1875），英国物理学家，1837年和W. H. 库克（1806—1875）共同获得了第一台电报机的专利。

附 录 三

通向21世纪的道路：给读者提出的七个问题

本书的故事充满了真实和虚假的成分。如果19世纪真的有一本《人物》杂志，那么阿达和她的父亲一样会在杂志的封面上出现很多次。她遭遇了和许多名人一样的命运。这是为什么？谁会误导我们对拜伦和阿达的认识？你要怎样去区分事实和假象？

这本书要出版的时候，我决定去核实一个谣言，即阿达是不是名副其实的数学家，写没写过那些笔记。谁最能证明阿达是名副其实的数学家呢？对此，这个人说了什么？谁最清楚1843年阿达是否撰写过《注释》？这个人又是如何评价阿达的贡献的?

阿达是否写出了第一张指令表,即现在所谓的不需要人为操作的自动进行数字运算的程序?本书中有什么证据可以证明?

本书的主题就是诗歌与科学之间的冲突。阿达是怎样定义"诗意科学"的?阿达没有接受过传统的学校教育,她在小时候和青少年时期学过的哪项技能在后来发挥了很大的作用?现在我们还能教孩子学这些技能吗?

巴贝奇是一个投机商吗?计算机时代的预言式评论是谁负责写的?有什么证据?1843年,阿达对巴贝奇分析机的前景持什么样的看法?现在的网站同阿达在1843年预测的网站有何相似之处?你是怎样看待阿达这位预言家的?

描写阿达的原创作品中有很多,比如《超录感情爱》、《差分机》、《阿卡迪亚》以及亚瑟·C. 克拉克的《来自格兰德班克斯的鬼魂》中的"阿达"章节等。我们该如何利用阿达的人生故事(不管是虚构的还是真实的)构建一条通向21世纪的道路?

提出你的问题,因为问题才是这个故事中最吸引人的部分——"如果阿达……,那会怎么样?"

插图汇总表

科学研究的三位一体

第一章

"拜伦勋爵"（J. 霍姆斯绘，1814年），出自《阿施塔特》（洛夫莱斯伯爵拉尔夫·米尔班克收录，伦敦，奇西威克出版社，1905年，第178页）。

"安妮·伊莎贝拉·米尔班克"（1812年），乔治·海特于1812年7月21日创作的微型画（同上，第85页）。

第二章

"阿达"（1819年），出自一个盒子上的微型画，由约翰·默里出版社提供。

"拜伦勋爵的墓碑"，位于赫克诺尔·托克哈德教堂，出自《伦敦新闻画报》，1842年9月10日。"亨森的空中蒸汽车"（1842年—1843年），出自《英国日常生活史1733—1851》，第3卷，马乔里著，C. H. B. 昆内尔绘图，由B. T. 巴特福德提供，伦敦，1963年。

第三章

"圭塔帕"，出自约翰·格罗格所著的《水晶宫展览插图目录》，多佛出版社重印版，1978年，第97页。

"查尔斯·巴贝奇"，1833年，由伦敦科学博物馆图书

部提供，参考号：1983-1423

第四章

"差分机"，1832年，由科学博物馆图书部提供，参考号：1862-89

"威灵顿公爵"，出自威廉姆斯陆军中校所著的《已故的威灵顿公爵的生平与时代背景》（第1卷）的扉页插图，伦敦印刷出版公司

第五章

"雅卡尔织布机"，出自前面引用的书

"多塞街1号"，大卫·夏皮罗绘

"乐高差分机"，参见相关网站。

第六章

"波洛克的阿什利科姆"，B. A. 图尔

"阿达"（1835年），玛格丽特·卡朋特夫人绘，由政府艺术收藏委员会国家物理实验室（皇家版权）提供，出自《新闻周刊》，2003年12月22日

"二十面体"，由20个面组成的立方体，罗素·里根设计的计算机模拟图

"乐高恐龙"，由B. A. 图尔提供

阿

达

：

数

字

女

王

360

第七章

"维多利亚女王",出自《伦敦新闻画报》,1842年5月

"阿达肖像", 沙隆绘,《阿达,洛夫莱斯伯爵夫人》是A. E. 沙隆系列作品的一部分,创作于1838年前后,由大英博物馆的理事会提供

"拜伦肖像",托马斯·菲利普斯(皇家艺术学会成员)绘,由国家肖像馆提供

"惠特斯通电报机",惠特斯通和库克,1837年,图片出自《英国社会》(H. D. 特雷尔、J. S. 曼、G. P. 普特南合著),1909年,第785页

"未来性",参见相关网站。

第八章

"英国的单人跳棋板(1833年)",参见相关网站。

"奥古斯都·德·摩根",出自索菲娅·摩根所著的《奥古斯都·德·摩根回忆录》的扉页插图,由斯坦福大学提供

"一个三角方程式图",罗素·里根设计

第九章

"科学研究的三位一体",罗素·里根设计的计算机图像

第十二章

"惠特沃思收藏"，牛津大学科学博物馆

第十四章

"阿达给巴贝奇写的信"，由一名私人收藏家提供

"位于阿什利科姆的哲学家小径"，B. A. 图尔

第十五章

"分析机"，由科学博物馆图书部提供

"雅卡尔织布机及雅卡尔的丝织肖像"，由维多利亚和
阿尔伯特博物馆图书部提供（复制品）

"《D部分注释》的图表"，参见相关网站。

"阿达《注释》的伯努利数"，出自前面引用的书

"阿达位于圣詹姆斯广场住宅的纪念牌匾"，由B. A. 图
尔提供

第十六章

"阿什利科姆的塔楼"，由B. A. 图尔提供

第十七章

"魔法圈"，出自《魔法方形》，出自前面引用的书，
第350页

"迈克尔·法拉第"，由英国皇家科学研究所提供

第十八章

"惠特斯通的电报，1845年1月"，出自《伦敦新闻画报》

"伦敦新闻画报"，出自《伦敦新闻画报》，1851年

第二十章

"东霍斯利塔"，由利顿伯爵提供

"安娜贝拉画的东霍斯利塔"，由利顿伯爵提供

第二十二章

"轻装步兵"，出自《伦敦新闻画报》，1850年5月

"修道院教堂的西面"，纽斯泰德庄园，由B. A. 图尔提供

"纽斯泰德庄园的回廊中庭"，由纽斯泰德庄园提供，1849年

第二十三章

"飞翔的荷兰人"，出自《伦敦新闻画报》，1850年9月

"水晶宫"，出自《伦敦新闻画报》，1851年5月

第二十四章

"万国工业博览会"，出自《伦敦新闻画报》，1851年

"特丁顿——1851年埃普瑟姆丘陵德比赛马冠军"，出自《伦敦新闻画报》，1851年5月

"大卫·布儒斯特爵士"，由国家肖像馆提供"阿达的软件广告"，由昂科拉提供

第二十五章

"大理石拱门"，出自《伦敦新闻画报》

"东霍斯利的内部走廊"，由B. A.图尔提供

"残疾人轮椅"，出自前面引用的书

"拜伦和安娜贝拉"，约1854年前后，由利顿伯爵提供

"查尔斯·狄更斯"，阿里·谢弗摄，出自《英国人的故事》（贾斯汀·麦卡锡，1899年，第16页）

"阿达的墓碑"，布莱恩·皮克林或布莱恩·威尔森摄

附 录 四

《阿达：数字女王》的书评

阿达·洛夫莱斯——世界上的第一个黑客……

图尔为此书做了八年多的研究，她奔波于英国的各大档案馆和图书馆，为读者呈现了阿达·洛夫莱斯一系列精彩的通信。这些信件不仅勾勒出阿达在科学研究上具备的聪慧才智，还让我们知道了阿达多维生活的方方面面：她满怀激情的欲望，想在由男人掌控的世界中走出一片天；她曾与毒品和慢性疾病做斗争；她努力做好母亲和妻子应尽的职责。洛夫莱斯还有一个不好的名声，那就是她嗜赌如命、风流滥情。还有什么东西比这些由洛夫莱斯夫人亲笔写的信件更能如实地将这位传奇人物的一生展现在我们的眼前？

——卡拉·辛克莱尔，代表作《网络小妞》

通过阿达给同事、家人和朋友所写的书信，图尔让阿达发出了自己的声音，由此阿达便能栩栩如生地呈现在我们眼前。如此深入的接触是一般的自传所无法企及的。

——爱丽丝·波勒斯基，《旧金山纪事报》

贝蒂·亚历山德拉·图尔的这本具有揭示性质的著作将"阿达神话"背后隐藏的这名女人的引人共鸣、充满人之常情的悲伤故事呈现在了我们面前。

——布鲁斯·斯特林，代表作《差分机》（合著）和《黑客攻击》

本书不再局限于对阿达的老生常谈。

——《连线》

阿达的人生以及她与巴贝奇的关系常常不幸地被大众扭曲。在我看来，图尔博士对阿达的了解非一般人能比，在本书中，她让我们有机会弄清事情的真相。由此图尔博士不仅详述了阿达的私人生活，还对计算机革命早期的重要阶段做了一番清晰的阐述。

——安东尼·海曼博士，代表作《查尔斯·巴贝奇：计算机先驱》（牛津/普林斯顿）

这是一部具有深度思想的杰出作品。

——《计算机编年史》

作为拜伦勋爵的女儿以及查尔斯·巴贝奇的朋友和搭档，阿达是科技史上最别树一帜的人物之一……阿达的书信是控制论和计算机科学的具有奠基性质的经典文献的一部分，这些信件是在"ENIAC"被发明出来的将近一个世纪前由阿达执笔写下的……

——霍华德·莱茵戈德，代表作《虚拟现实》和《虚拟社区》

图尔博士写的这本具有深刻见解的优秀著作不仅揭示了洛夫莱斯颇具深度的才智，还展现了她充盈的情感。这是一本具有启示意义的重要著作，它超越了时间与性别的界限。

——琳恩·赫什曼·丽森，虚拟现实电影《超录感情爱》的制片人贝蒂·图尔博士倾尽一生为世人阐明了阿达·洛夫莱斯的品格和个性，并且用阿达自己的言语向世人呈上了一则真实的证据，这则证据告诉了我们阿达真实的样貌。我们看到的不是一种充满神秘感的夸张叙述，相反，我们在书中发现了一位实实在在的"人"和一名激情满满的思想家。她是真正拥有预见力的思想家，预见到了以后会发生的事情，对未来的计算机提出了设想。这样的设想甚至在"计算机"这个词语被创造出来之前就存在了，这也大大超越了同时代的那些所谓的"计算的机器"。

　　——卡洛斯·麦克维利，游戏《阿达秘密》的开发者

阿

达

：

数

字

女

王